PONS

Englische Zeiten & Tenses

blicken statt büffeln

von Tien Tammada

PONS GmbH
Stuttgart

PONS

Englische Zeiten & Tenses blicken statt büffeln

von
Tien Tammada

Auflage A1 6 5 4 3 / 2017 2016 2015 2014

Übersetzung: Tien Tammada
Co-Übersetzung & deutsche Überarbeitung: Hubert Möller
Redaktion: Canan Eulenberger-Özdamar
Logoentwurf: Erwin Poell, Heidelberg
Logoüberarbeitung: Sabine Redlin, Ludwigsburg
Einbandgestaltung: Anne Helbich
Coverillustration & Illustrationen Innenteil: K. Kiattisak
Satz/Layout: Akkara Siriplungkanont, Anoma Thaikla
Druck und Bindung: Multiprint GmbH

Printed in the EU.
ISBN: 978-3-12-561938-8

INHALT

Vorwort: Co-Übersetzer

(Hubert Möller)

Als Tien Tammada mich fragte, ob ich ihm bei der Übersetzung seines in thailändischer Sprache erschienen Bestsellers über die englischen Tenses behilflich sein könnte, war ich mehr als zurückhaltend mit meiner Antwort.

Ein Grammatikbuch? Ein Lehrbuch über die englischen Tenses? Der Anreiz für diese Übersetzung war nicht gerade sehr groß für mich! Glücklicherweise verfüge ich über ein relativ gutes englisches Sprachgefühl, das mir bis dato bei der Anwendung der Tenses einigermaßen zur Seite stand. Aber ich war nicht in der Lage, mehr als drei oder vier erläuternde Sätze zu den Tenses von mir zu geben.

Wenn meine Kinder mich bei ihren Englischhausaufgaben um Hilfe baten, war meine Antwort stets: „Leider kann ich dir nichts dazu erklären." Wir gingen die Aufgaben durch und folgten dabei unserem Sprachgefühl. Manchmal ging es gut, manchmal nicht. Dann führte das zu vielen roten Unterstreichungen bei der Hausaufgabenkorrektur.

Grammatik! Da muss man in der Schule halt durch. Es kommt keiner daran vorbei. Später redet niemand mehr davon und man kann es in dem Mülleimer des Gedächtnisses rasch entleeren. Wen interessiert das Thema schon? Schließlich wurde uns das Thema Grammatik schon in der Schule wie sauer-bitter schmeckende Bonbons verkauft. Wie sollte man dafür ein freudiges oder interessiertes Gefühl entwickeln?

Ich ließ mich trotzdem auf die Anfrage von Tien Tammada ein. Schließlich ist er mein Freund und ich wollte ihm diesen Gefallen nicht ausschlagen. Außerdem interessierte es mich schon, wie ein Grammatikbuch über englische Tenses in Thailand zu einem Bestseller werden konnte.

Sind die Thailänder mit ihrer Lust auf Grammatik denn so anders als die Europäer? Ich wollte es wissen. Also sprachen wir über den Inhalt des Buches. Tien Tammada schaffte es nach kürzester Zeit, ein Fünkchen des Interesses in mir zu entfachen. Grammatik in Märchenform? Mit Personen unterschiedlicher Charaktere? Das klang ja viel eher wie eine spannende Geschichte als ein Grammatikfachbuch. Das konnte ich mir schon eher vorstellen. Meine Türen des Interesses waren einen Spalt geöffnet. Und dann kam er mit dem genialen Lernkonzept durch die geöffneten Türen zu mir herein und entfaltete den Inhalt seines Buches.

Am Ende des Gespräches war ich nicht nur überrascht über mein steigendes Interesse an dem Thema, sondern ich war geradewegs begeistert. Jetzt wollte ich nicht nur der Funktion als Co-Übersetzer halber mehr davon wissen, sondern ich brannte geradewegs darauf, mehr darüber zu erfahren. Als ich die Kernaussagen des Buches begriffen hatte, war ich begeistert.

So ließ ich mir Grammatik gefallen. Nicht nur, dass sie einem hier in einer ansprechenden Form eines Märchens nahe gebracht wurde, sondern alle Ideen zu einem tieferen Verständnis der Tenses waren in sich so stimmig und klar verständlich, dass man Lust auf mehr bekam. Und ich begriff, dass es hinter der Anwendung der englischen Sprache Gesetzmäßigkeiten gab, die so eindeutig und klar, so hieb- und stichfest waren, dass man sie in ihrer Tiefe begreifen und dadurch auch behalten konnte.

Jetzt bin ich nicht nur in der Lage, meinen Kindern klare und unmissverständliche Antworten bei den Englischhausaufgaben zu geben, sondern ich kann mein Sprachgefühl mit einem Fachwissen untermauern, wodurch die Anwendung der englischen Sprache zur wahren Freude wird.

Ich bedaure es zutiefst, solch ein Buch nicht zu meiner eigenen Schulzeit kennen gelernt zu haben. Aber es ist zum Glück nie zu spät. Jetzt haben nicht nur meine Kinder einen schönen Zugang zu den grammatikalischen Regeln, sondern mein Englisch hat sich um Stufen verbessert und macht mir in der Anwendung erheblich mehr Freude als zuvor.

Eine echte Lebensbereicherung!

Vorwort: Autor

(Tien Tammada)

Auf die Frage: „Welche Aufgabe wäre für dich die allerschwierigste in deinem ganzen Leben?" müsste ich nicht lange überlegen, die Antwort fällt mir blitzartig ein. Es sind drei Dinge, die für mich zutreffen:

1. **Bergauf Purzelbäume bis zum Gipfel des Himalayagebirges zu machen.**
2. **Den gesamten Pazifischen Ozean in einem Stück zu durchschwimmen.**
3. **Die Grammatik der englischen Tenses wirklich verstehen und beherrschen zu können.**

Schon der Gedanke an die erste Herausforderung ist mehr als grauenhaft für mich. Purzelbäume im Himalayagebirge sind verflixt schwierig. Erst recht, wenn man die Aufgabe hat, sie bergauf bis zum Gipfel durchzuführen. Selbst nach strengstem vorherigen Vorbereitungstraining und bester körperlicher Kondition würde mir das eisige Wetter dort oben sehr zu schaffen machen und das Atmen wäre nahezu unmöglich. Zusätzlich ließen die frostigen Temperaturen mir das Knochenmark gefrieren.

Die zweite Herausforderung wäre für mich nicht minder schwierig, weil ich beim Durchschwimmen des gesamten weiten Ozeans sehr schnell an die Grenzen meine Kräfte käme und ich vor Einsamkeit inmitten des riesigen Wassers ohne einen Blick auf festes Land einginge.

Nein, nein, ich ziehe es vor, diese beiden ersten großen Lebensherausforderungen mindestens in mein nächstes Leben zu verschieben. Dann ist es immer noch früh genug dafür.

In diesem Leben möchte ich mir die dritte Herausforderung vorknöpfen: Ich möchte die englischen Tenses wirklich und von Grund auf und ein für allemal begreifen und mühelos behalten lernen. Weshalb das? Warum so eine langweilige und ermüdende und alltägliche Sache im Vergleich zu den beiden anderen, die so aufregend, spannend und außergewöhnlich wirken?

Weil ein Verständnis der Tenses mir gegebenenfalls die Türen öffnet für noch viel aufregendere, mitreißendere und atemberaubendere Dinge im Leben als Purzelbäume bergauf im Himmalyagebirge oder das Durchschwimmen des großen weiten Wassers. Denn die englischen Tenses sind das Herz der englischen Sprache. Einer Sprache, mit der man sich nahezu in der gesamten Welt verständigen kann und die

es mir erlaubt, frei in sie auszuziehen, jeden kleinen Winkel von ihr zu erkunden und zu entdecken und kennen zu lernen. Sie ermöglicht mir mit nahezu allem, was es auf der Welt gibt, mit Menschen oder Situationen in Berührung zu kommen. Die Welt wird für mich mit allen ihren Schönheiten, Wundern und endlosen Möglichkeiten eroberbar.

Die meisten Menschen, die Englisch nicht mit ihrer Muttermilch aufgenommen haben, sind der einhelligen Überzeugung, dass die Tenses schwierig sind. Ihre Regeln sind so verflixt kompliziert. Du kannst sie in dich hinein trichtern und sie büffeln und büffeln. Vielleicht schaffst du es sogar, als Schüler ihre komplizierten und vielfältigen Regeln bis zum Schulabschluss mit einem riesigen Lernaufwand irgendwie zu behalten. Aber das schaffen nur die wenigsten. Und die werden dabei als Streber oft von den anderen gemieden. Aber in der Regel lassen sie jedermann früher oder später verzweifeln und resigniert aufgeben.

Ich möchte dir nicht weismachen, dass das Verständnis der englischen Tenses ein Kinderspiel ist, weil du zu Recht denken würdest, dass ich dich damit anschwindle. Zunächst müssen wir die Tatsache, dass es schwierig ist, akzeptieren. Aber ...

Aber wir können meine neue, hier vorgestellte Methode dazu nutzen, es dir damit leichter denn je zu machen.

Wir können diese Methode als eine erweiterte, ergänzende Möglichkeit nutzen. Es ist die Methode, die ich mir durch das Lesen vieler englischer Bücher erworben habe. Und durch meine Erfahrungen, die ich als Reiseführer im lebendigen Umgang mit Englisch sprechenden Menschen und auf meinen unzähligen Reisen durch englischsprachige Länder gemacht habe.

Ich könnte geradewegs einen Freudensprung machen! Die Tenses haben ihren Schrecken für mich ein für allemal verloren!

Probier es selber. Schiebe erst einmal allen Groll aufs Büffeln weit weg, grabe dann all dein altes, hart erlerntes Grammatikwissen über die Tenses wieder aus den Tiefen deiner verdrängten Erinnerungen aus und kombiniere diese mit dem neuen, hier vorgestellten Konzept.

Diese Kombination lässt dich die Tenses bis in die tiefsten Wurzeln verstehen und du wirst erkennen, dass der Kern der Tenses völlig klar, leicht verständlich und dadurch begreifbar wird und es auf Dauer auch bleibt.

Lies nicht nur jede Seite, sondern genieße jedes Wort, jeden Buchstaben darin. Öffne alle möglichen Türen deiner Sinne. Tauche in deine eigene Neugierde ab! Und ich verspreche dir, dass die Tenses für dich ihren Schrecken verlieren werden, dass sie dich nicht mehr verwirren und durcheinander bringen werden. Und das verspreche ich dir nicht nur, sondern ich garantiere es dir sogar!

Ich wünsche dir Feuer und Freude dabei und dass dir dieses neue Wissen und Können endlose neue Möglichkeiten schenken mag!

Was sind die Tenses eigentlich? Und weshalb erscheint uns der Umgang mit ihnen so schwierig?

Was sind die Tenses?

Jeder, der schon einmal etwas von den Tenses mitbekommen hat, dem aber ein täglicher Umgang mit ihnen fehlt, würde auf diese Frage antworten, dass Tenses irgend etwas mit der Umgestaltung von englischen Verben zu tun haben. Mehr fällt einem dazu oft nicht ein.

Diejenigen, die mit ihnen vertraut sind, sagen, dass es sich dabei um eine ganz essentielle Sache in der englischen Sprache handelt, ja, dass sie sogar das Herz der englischen Grammatik darin sähen.

Gleich, ob man fernen oder nahen Kontakt mit den Tenses hatte oder hat, jeder behauptet einhellig, dass ihr Umgang und ihre Anwendung ganz schön schwer zu begreifen und zu vermitteln sind.

Das Ganze erscheint äußert kompliziert und verwirrend, weil die Tenses in den unterschiedlichsten Erscheinungsformen auftreten und diese sich zu allem Überfluss teilweise sogar noch gegenseitig überlappen.

Ob man sie verflucht oder ob man an ihnen verzweifelt, es hilft nichts. Sie verfolgen und attackieren uns gnadenlos und sie lassen uns in einer immer weiter zusammenwachsenden Welt keine Chance. Wir können nicht vor ihnen davonlaufen! Die englische Sprache wird in der globalen Welt von Tag zu Tag bedeutsamer. Beherrschen wir sie nicht korrekt, schließen wir uns ungewollt von der Welt ein Stück aus und können nicht mehr richtig mitreden.

Gibt es in dieser Konfrontation mit den verflixten Tenses nicht vielleicht einen neuen Weg, bei dem wir nicht immer weiter bemüht sind, vor ihnen wegzulaufen, sondern wir ihnen mutig entgegentreten, indem wir sie schlichtweg vereinfachen? Es klingt zu schön, um wahr zu sein. Aber die Antwort auf diese Frage lautet erstaunlicherweise:

"Ja, es gibt diesen Weg!"

Dazu müssen wir sie erst noch einmal ganz neu, ganz anders, ganz unvoreingenommen betrachten. Wir müssen uns von unserem bisherigen befangenen Blick lösen, bei dem wir stets nur eine einzelne Tense ins Auge gefasst, diese fixiert und zu verstehen versucht haben. Wir haben nie die dahinter lebende Familie der Tenses entdeckt, die es uns so viel einfacher macht!

Was soll das jetzt wieder bedeuten? Eine „Familie der Tenses“?

Darauf möchte ich später näher eingehen. Du sollst es aber schon einmal gehört haben, damit du dich schon an den neuen Gedanken gewöhnen kannst.

Das nächste Grundproblem bei der bisherigen Blickrichtung auf die Tenses besteht darin, dass wir sie immer unweigerlich und ausschließlich mit den Zeiten in Verbindung gebracht haben. Auch damit stehen wir uns selber auf den Füßen. Wir betrachten die Tenses und Zeiten als Ein und das Gleiche. Das sind sie aber ganz und gar nicht!

Wir übersehen ganz entscheidende Unterschiede. Und diese kleinen, feinen Unterschiede sind alles andere als unwesentlich. Im Gegenteil, indem wir die unweigerliche Verknüpfung zwischen Tenses und Zeiten aufrecht halten, tragen wir aktiv dazu bei, die Tenses nicht wirklich verstehen und begreifen zu können.

Um dir dies zu verdeutlichen bitte ich dich, einen Augenblick deine Augen zu schließen und dir den Begriff „Tense" vor deinem „inneren Auge" vorzustellen.

Aller Wahrscheinlichkeit nach siehst du jetzt unmittelbar ein englisches Verb vor deinem inneren Auge, das sich mit dem Zeitpunkt seiner Aktivität oder einer eingetretenen Situation verwandelt.

Etwa wie:

I eat.
(Ich esse.)

I ate.
(Ich aß.)

I will eat.
(Ich werde essen.)

Dieses Beispiel zeigt uns, wann, also zu welcher Zeit, das "I eat" stattfindet, stattfand oder stattfinden wird.

[**(Present)** **I eat.**] [**(Past)** **I ate.**] [**(Future)** **I will eat.**]

Der positive Anteil an dem kleinen Versuch ist, dass unweigerlich klar wird, dass es eine unmittelbare Verbindung zwischen den Zeiten und den Tenses gibt.

Darüber sind wir uns sicherlich alle ohne ausufernde Diskussion gleich einig. So weit, so gut. Würden die Tenses nur aus Present, Past und Future bestehen, hätten wir nicht so viele Probleme mit ihnen. Alles wäre so schön einfach:

Bei jedem Umstand, der in der Gegenwart passiert, würden wir die „Present-Form" verwenden, bei jedem Umstand, der in der Vergangenheit geschehen ist, die „Past-Form" und bei jedem Umstand, der in der Zukunft geschehen wird, würden wir die „Future-Form" des Verbes nutzen.

Aber im wahren Leben gibt es sehr viel mehr Umstände und Gegebenheiten, die alleine durch den Gebrauch der Zeiten nicht geklärt werden können.

„Present, Past und Future" sind lediglich ein Teil des Ganzen. Das Verb „eat" zum Beispiel, kann im Englischen in seiner Erscheinungsform sehr stark variieren. Und dabei hat jede Erscheinungsform eine ganz andere Aufgabe, Ausdruck oder Aussage, die unter anderem davon abhängt, wie kunstvoll wir mit der Sprache und mit unserer Ausdrucksweise umgehen können.

Betrachten wir also alle unterschiedlichen Erscheinungsformen des Wortes „eat", zeigt sich uns folgendes Bild:

I eat. (Present Simple)	**I ate.** (Past Simple)	**I will eat.** (Future Simple)
I am eating. (Present Continuous)	**I was eating.** (Past Continuous)	**I will be eating.** (Future Continuous)
I have eaten. (Present Perfect)	**I had eaten.** (Past Perfect)	**I will have eaten.** (Future Perfect)
I have been eating. (Present Perfect Continuous)	**I had been eating.** (Past Perfect Continuous)	**I will have been eating.** (Future Perfect Continuous)

Das kleine, schlichte Wörtchen „eat" wird aufgrund der Tenses völlig verändert. Der englisch sprechende Redner benutzt das Wörtchen „eat" für die unterschiedlichsten Umstände und Situationen.

Wenn die Tenses aus dem einfachen Wörtchen etwas Schwieriges machen, sind die Tenses folglichermaßen unser Problem, das wir angehen wollen.

Die Schwierigkeit dabei ist, dass wir uns nicht an alle unterschiedlichen Namen, Bedeutungen und Umstände beim Sprechen erinnern können. Wir wissen nicht, wann wir welche Tenses benutzen sollen, um etwas Bestimmtes damit ausdrücken zu können.

Eigentlich sollte es uns nicht so schwer fallen, uns an 12 unterschiedliche Namen und deren Eigenarten zu erinnern. Schließlich gelingt uns das ja spielend bei 12 gut aussehenden Mädchen oder Jungen. Wir erkennen an diesem Vergleich, dass wir generell über die Fähigkeit verfügen, 12 unterschiedliche Personen mit ihrem Aussehen und ihren unterschiedlichen Eigenarten eindeutig voneinander unterscheiden zu können. Aber wieso funktioniert es bei den Tenses nicht so leicht wie bei den Mädchen oder Jungen?

Wir schauen uns die Sache jetzt erst einmal von außen an, dann wird alles viel leichter.

Das Aussehen und die Namen der Tenses sind gar nicht die beängstigende Sache, sondern ihre Bedeutung, ihre exakte Ausdrucksmöglichkeit und der Umstand ihrer Anwendung.

Goldene Regel, die du nicht vergessen solltest:

Tenses haben mit der Zeit zu tun. Aber die Zeiten sind nicht alleine ausschlaggebend für die Auswahl der korrekten Tense.

Der Schlüssel ist, dass der Benutzer die Tenses entsprechend seiner Gefühle und seiner Wahrnehmung in der jeweiligen Situation wählt. Als Werkzeug seiner Ausdrucksmöglichkeiten nutzt er die Naturen der Tenses.

Also, ist es die Natur der Tenses, die wir beachten müssen, wenn wir mit anderen kommunizieren, wenn wir uns auf Englisch klar und deutlich ausdrücken und verständlich machen wollen.

Aber bevor wir jetzt die inneren Naturen der Tenses ergründen, machen wir es uns jetzt einmal leichter, indem wir alle 12 Tenses von außen und aus der Vogelperspektive betrachten. Dazu verlassen wir gedanklich einfach unseren Körper und schlüpfen in den eines wunderschönen Vogels. Jetzt sind wir in der Lage, unsere Schwingen auszubreiten und uns in die Lüfte zu erheben. Bevor wir unseren Blick nach unten richten, nehmen wir uns einen Augenblick Zeit, unsere Unbeschwertheit, unsere Freiheit zu genießen. Dann schauen wir von dort oben auf das Gesamtbild der Tenses.

Wenn wir die 12 Tenses mit 12 Personen vergleichen, die für uns tätig sind, dann müssen wir zunächst einmal drei Dinge von ihnen wissen:

Den Namen

Wie wir sie betiteln.

Ihr Aussehen

Woran wir sie erkennen und in welcher Form wir sie verwenden.

Ihre Natur

Wie ihr innerer Charakter mit ihren Eigenarten ist.

Die englischen 12 Tenses

Das wissen wir ja schon, in der englischen Sprache gibt es 12 Tenses. Jede dieser Tenses hat unterschiedliche Funktionen und Aufgaben zu erfüllen. Wenn du ihren ursprünglichen Charakter oder ihre innere Natur begreifen willst, dann lass uns damit beginnen, sie erst einmal von außen näher zu betrachten, damit du das System, auf dem sie aufgebaut sind, erkennen kannst.

(Keine Angst! Was du jetzt neu kennen lernst, ist nichts, vor dem man sich fürchten müsste. Alles, was du zunächst tun musst, ist, hinzuschauen. Du musst noch nichts davon behalten. Atme dreimal tief durch und entspanne dich dabei.)

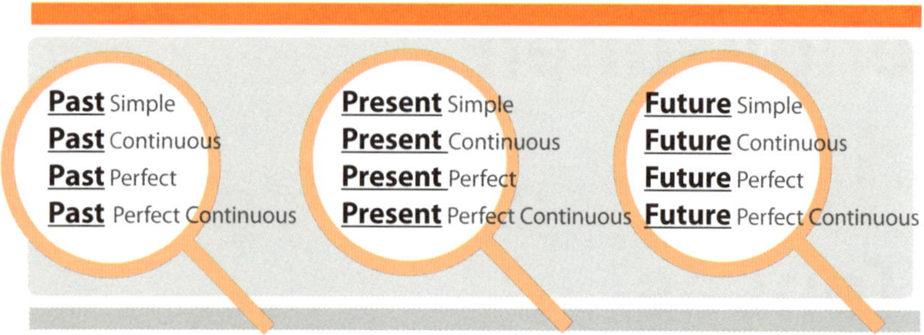

Hier siehst du die **Namen** aller zwölf Tenses. Nimm zunächst einmal die fettgedruckten und unterstrichenen Wörter unter die Lupe. Dir fallen sofort die Begriffe der Zeiten ins Auge.

Past	**Present**	**Future**
(Vergangenheit)	(Gegenwart)	(Zukunft)

Jetzt betrachte das Bild mit den12 Tenses noch einmal neu, aber diesmal aus einer etwas veränderten Blickrichtung. Filtere die ersten Wörter: „Past, Present und Future" heraus, und lege deine innere Aufmerksamkeits-Lupe auf die Wörter: „Simple, Continuous, Perfect" und „Perfect Continuous".

Past **Simple**	Present **Simple**	Future **Simple**
Past **Continuous**	Present **Continuous**	Future **Continuous**
Past **Perfect**	Present **Perfect**	Future **Perfect**
Past **Perfect Continuous**	Present **Perfect Continuous**	Future **Perfect Continuous**

Zunächst wirst du so selbstverständlich 4 Gruppierungen erkennen, nämlich Simple, Continuous, Perfect und Perfect Continuous. In Wirklichkeit haben wir es aber hier nur mit einer Dreiergruppierung zu tun, nämlich:

Simple	**Continuous**	**Perfect**

Die letzte Gruppierung mit dem Namen: „Perfect Continuous", ist ein Zusammenschluss der Gruppen 2 (Continuous) und 3 (Perfect).

Diese neue Sortierung der Tenses hilft uns, schneller und leichter etwas über die Tenses zu erfahren, als mit viel Mühe alle alten Erinnerungen an die grammatikalischen Regeln aus der Tiefe heraus zu kramen. So sind wir vorher an das Thema heran gegangen. Das ist jetzt vorbei! Wenn wir uns an das Thema des inneren Charakters oder die Natur aller Tenses heranwagen, nehmen wir direkt die Begriffe Simple, Continuous und Perfect in den Vordergrund unserer Wahrnehmung (einschließlich des Perfect Continuous). Übersieh das Past, Present und Future dafür einfach erst einmal.

Die Tenses kann man als das Herz der englischen Grammatik betrachten. Und dieses Herz besitzt vier unterschiedliche Kammern ...

Grammatikmärchen

Once upon a time…

Es war einmal ein König mit dem Namen: „Tense".

Der König besaß ein Herz, in dem es vier prunkvolle Kammern gab.

Er hatte vier Königinnen, die er über alles liebte. Jeder seiner vier geliebten Königinnen schenkte er eine prunkvolle Kammer, die sie bewohnen durften.

Die erste Frau mit dem Namen „Simple" erhielt das Gemach im Erdgeschoß.

Die zweite Frau des Königs trug den Namen: „Continuous". Sie erhielt den rechten Flügel im ersten Stockwerk des Herzens.

Die dritte Frau des Königs nannte sich: „Perfect". Sie erhielt den linken Flügel im ersten Stockwerk des Herzens.

Die vierte Frau des Königs hieß: „Perfect Continuous". Ihr teilte der König das Gemach zwischen seiner zweiten und dritten Frau zu. Sie bewohnte also die Kammer im ersten Stockwerk, der den rechten mit dem linken Flügel verband. (Im Englischen nennt man dies: Connecting room)

Alle vier Frauen gebaren dem König jeweils 3 Töchterlein.

Zusammen hatte der König also exakt ein Dutzend Töchter, die er liebevoll seine „12 Prinzessinnen" nannte.

Um Verwechslungen zu vermeiden, benannte der König seine 12 Prinzessinnen jeweils entsprechend der Namen ihrer vier Mütter.

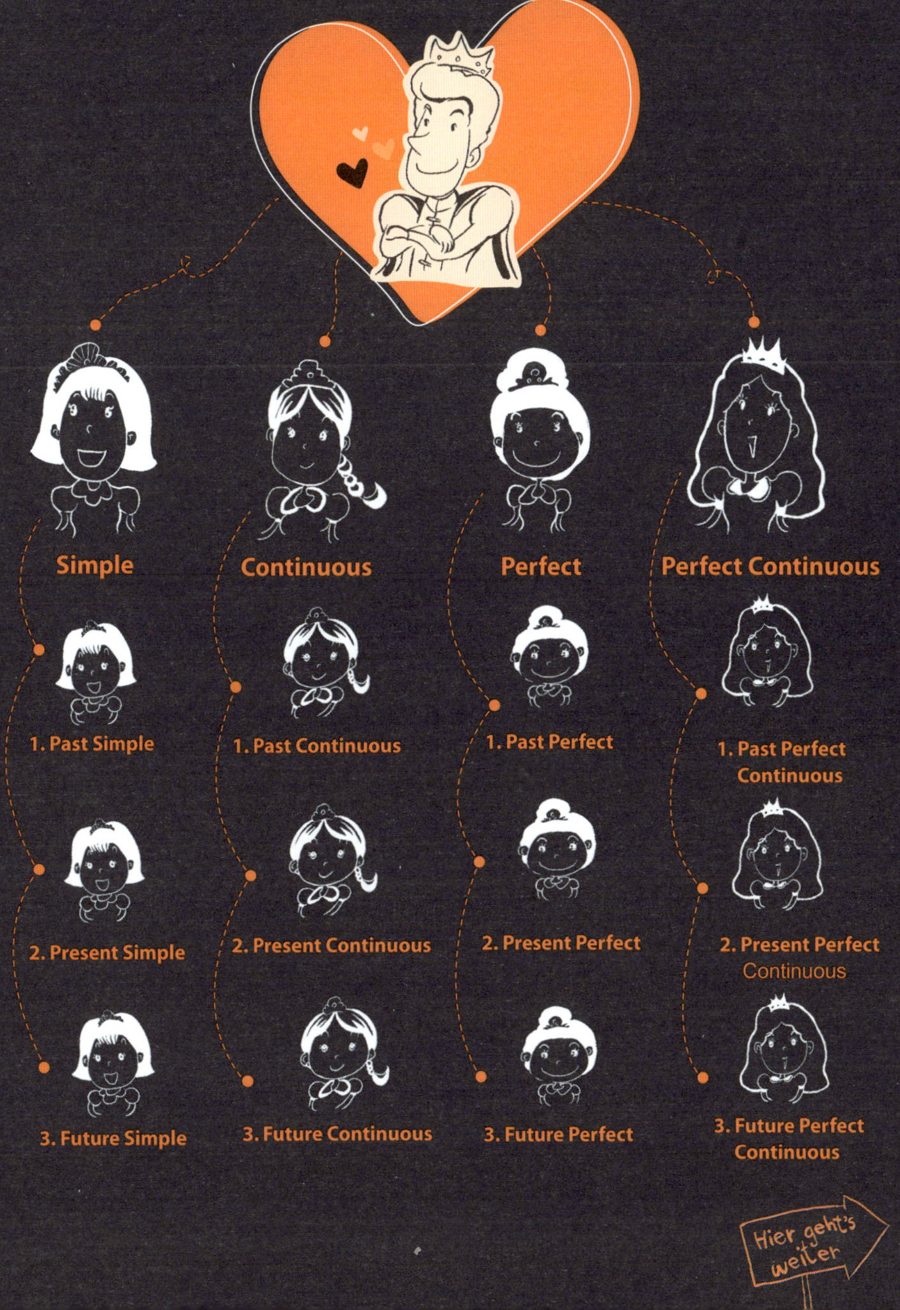
Simple
Continuous
Perfect
Perfect Continuous
1. Past Simple
1. Past Continuous
1. Past Perfect
1. Past Perfect Continuous
2. Present Simple
2. Present Continuous
2. Present Perfect
2. Present Perfect Continuous
3. Future Simple
3. Future Continuous
3. Future Perfect
3. Future Perfect Continuous
Hier geht's weiter

Bevor du die Simple, Continuous, Perfect und Perfect Continuous Tenses einzeln näher kennen lernst, möchte ich dir ihr gemeinsames Aussehen und ihre Struktur vorstellen. Bislang haben wir nur ihre Namen kennen gelernt. Jetzt wollen wir mehr von ihnen erfahren. Wie präsentieren sie sich uns gemeinsam?

Das Aussehen oder die Strukturen der 12 Tenses.

Past Simple **S + V2**	Present Simple **S+V1**	Future Simple **S+will+V(infinitive)**
Past Continuous **S+was/were+V-ing**	Present Continuous **S+is/am/are+V-ing**	Future Continuous **S+will+be+V-ing**
Past Perfect **S+had+V3**	Present Perfect **S+has/have+V3**	Future Perfect **S+will+have+V3**
Past Perfect Continuous **S+had+been+V-ing**	Present Perfect Continuous **S+has/have+been +V-ing**	Future Perfect Continuous **S+will+have+been +V-ing**

Ach du lieber Schreck! Was ist das?
Ganz schön verwirrend, nicht?

Solltest du dahinter eine komplizierte Grammatik-Formel vermuten, wirst du vermutlich das Buch jetzt im hohen Bogen fort schmeißen.

Wahrscheinlich wird dich dieser Anblick völlig entmutigen und frustrieren. All die vorherigen Versprechungen von Einfachheit und klarem Verständnis. Und jetzt sowas? Wahrscheinlich folgt jetzt doch wieder die altbekannte Büffelei?

Die Tabelle könnte man mit Mathematikformeln vergleichen, die uns in Windeseile Kopfschmerzen bereitet.

Wenn wir ihre Strukturen nicht verstehen, sind diese Gefühle völlig normal.

Wir sind nicht Albert Einstein, nicht wahr?

Lass dich nicht erschrecken und entmutigen. Hole dreimal tief Luft, dann schau noch einmal darauf. Lass sie eine Weile auf dich wirken, dann wirst du merken, dass sich hinter dem furchterregenden Tigergesicht das harmlose Gesicht eines niedlichen Miezekätzchens verbirgt.

Das ist nichts, vor dem man sich fürchten müsste! Sei ein Krieger, mit mutigem Herz. Lass dich von mir beruhigen: Du musst das jetzt nicht alles im Detail behalten. Jetzt geht es nur um das gesamte Erscheinungsbild und nicht mehr.

Mach dir eine Entspannungsmusik an und betrachte das Ganze einfach wie ein Bild, wie ein Gemälde.

Und jetzt, nachdem du schon ein wenig mit dem Bild vertraut geworden bist, besteht die nächste Stufe darin, es noch einmal neu in Gruppen differenzierter Erscheinungsbilder anzusehen und diese unterschiedlichen Erscheinungsbilder mit Verhaltensweisen in Verbindung zu bringen.

Das wollen wir an dem einfachen Wort „eat" (essen) versuchen, welches die Verbveränderung: eat ate eaten hat.

Nachdem du sie eine Weile betrachtet hast, wirst du einige Ähnlichkeiten in den Gruppen erkennen.

SIMPLE	Present Past Future
CONTINUOUS	Present Past Future
PERFECT	Present Past Future
PERFECT CONTINUOUS	Present Past Future

S+V1	I eat.
S+V2	I ate.
S+will+V(infinitive)	I will eat.

S+is/am/are+V-ing	I am eating.
S+was/were+V-ing	I was eating.
S+will+be+V-ing	I will be eating.

S+has/have+V3	I have eaten.
S+had+V3	I had eaten.
S+will+have+V3	I will have eaten.

S+has/have+been+V-ing	I have been eating.
S+had+been+V-ing	I had been eating.
S+will+have+been+Ving	I will have been eating.

Wenn du sie bis jetzt noch nicht erkannt hast, sieh noch einmal genauer hin, dann wird es dir gelingen.

Mach es in aller Ruhe, ohne Eile. Es gibt keinen Grund für Hetze. Wichtig sind jetzt nur die „Erscheinungsbilder" in den unterschiedlichen Gruppen.

Betrachte jedes Erscheinungsbild der Simple, Continuous, Perfect und Perfect Continuous Tense achtsam, weil sie alle den Schlüssel zum besseren Verstehen beinhalten.

SIMPLE
V1,V2
will+v

CONTINUOUS
be+V-ing

PERFECT
have+V3

PERFECT CONTINUOUS
have+been
+V-ing

Simple : Die Simple Tense Verbform, besonders in der Gruppe der Vergangenheit und der Gegenwart hat ein einfaches und schlichtes Auftreten, wie der Name schon verrät, es ist simpel. Da ist das Subjekt, das von einem einzelnen Verb gefolgt wird. Für die Zukunft gibt es eine Besonderheit: Sie benötigt vor dem Verb noch das kleine Hilfsverb „will".

Continuous: Die Continuous Tense besteht immer aus: Verb „to be" (be/ is/ am/ are/ was/ were/ been) gefolgt von dem Verb mit dem Anhängsel „-ing". Präge dir diese Aussage auf ewig tief ein.

Diese Zusammensetzung bei der Continuous-Form trifft immer zu. Dann hast du es in Zukunft leichter damit!

Perfect: Wenn du die Perfect Tense ansiehst, erkennst du das Verb „to have" (have/ has/ had), das von Verb 3 gefolgt wird.

Immer und ausnahmslos!

Perfect Continuous: Die letzte Form ist die Perfect Continuous. Sie trägt die Eigenschaften von Perfect und Continuous gemeinsam. Das heißt, dass beide Formen miteinander verschmelzen:

Von der Perfect-Form erhält sie das Verb „to have" (dieses wird wie bei der Anwendung der Perfect-Form jeweils mit have/has/had dargestellt) und Verb 3. Jetzt erhält die Perfect Continuous-Form wie angekündigt von der Continuous-Form das „be", da sie ja, wie gesagt, eine Verschmelzung von beiden ist. Allerdings ändert es sich hier nicht, sondern wird immer als „been" (Verb 3) dargestellt. Gleichgültig, ob es sich um die Past Perfect Continuous, die Present Perfect Continuous oder die Future Perfect Continuous-Form handelt. Darauf folgt V-ing.

Grammatikmärchen

Die erste geliebte Frau des Königs Tense hieß Simple.

Die Königin „Simple" liebt die Jahreszeit des Frühlings. Das ist ihre Zeit! Der Frühling bietet ihr alles, was sie in der Tiefe ihres Herzens selber in sich trägt.

Der Frühling eröffnet das Jahr, so wie Königin Simple das Tor zur Familie der Tenses öffnet. Sie ist wie eine aufblühende Knospe im Frühling, die in aller Schlichtheit ihre berauschende unmissverständliche Schönheit präsentiert. Ohne Umschweife oder Unklarheiten, frisch, klar und direkt.

Sie hatte drei liebreizende Töchter.

Die erste hieß Past Simple.
Die zweite Present Simple.
Die dritte trug den Namen Future Simple.

Jede von ihnen trug tief im Herzen die Natur ihrer Mutter.
Aus diesem Grunde waren sie alle schlicht und einfach. Alles, was sie angingen, machten sie gradlinig und ohne große Umschweife.

Die besondere Eigenschaft der ältesten Tochter lag darin, dass sie immerfort über die Vergangenheit sprach. Sie war zu jedermann stets höflich, jedoch trug sie im Umgang mit sich selbst eine anhaltende Selbstunsicherheit.

Die mittlere Tochter war die modernste von ihnen. Sie war stets an allem interessiert. Mit wachen Augen lief sie durch die Welt und kam mit allem und jedem rasch in Begegnung. Jedem Fremden bot sie gleich das Du an und suchte schnell dessen Nähe. Sie war sich ihrer selbst sehr sicher.

Die Jüngste von ihnen trug den Kosenamen: „Mädchen von morgen".
Stets verschob sie ihre Vorhaben auf den nächsten Tag. Und sie hatte die Eigenart, ab und zu Bedingungen zu stellen.

Die Natur der Simple Tense.

Bist du bereit, die Natur der ersten Tense kennen zu lernen?

Dann werden wir uns jetzt der „Familie Simple“ zuwenden. Für diese Familie ist die Zeit nicht von so ausschlaggebender Bedeutung, sondern eher wie ein Hintergrund, wie die Kulisse eines Theaterstücks.

Es gibt in dieser Gruppe drei Tenses:

Past Simple Tense	Present Simple Tense	Future Simple Tense

Was hälst du von dem Vorschlag, dass du von nun an zum furchtlosen Ritter wirst, der die Herzen der Prinzessinnen erobern will? Der um sie kämpft und sein Leben für sie einsetzt. Für den Kampf solltest du deine verehrten Prinzessinen selbstverständlich sehr gut kennen. Können wir jetzt in den Kampf ziehen?

Lass uns mit der Present Simple Tense beginnen, die wir als Basis-Tense betiteln, da sie es ist, mit der wir in der englischen Sprache unweigerlich als erstes konfrontiert werden.

DIE PRESENT SIMPLE TENSE

Name : **Present Simple Tense**
Aussehen : **Subject + V1**

Anwendungsbeispiel :

Die Present Simple Tense ist das Eingangstor für jeden, der Englisch erlernen möchte.

Sie ist diejenige, die am meisten angewendet wird, da sie am leichtesten anzuwenden ist.

Sie bietet uns neben dem einfachen Gebrauch sehr viele Vorteile und Besonderheiten. Deshalb sollten wir uns diese gemeinsam zu Gemüte führen, damit wir sie ein für allemal wissen und nie mehr vergessen.

Schon das Erscheinungsbild der Present Simple Tense oder ihre grammatikalische Struktur ist sehr einfach und unkompliziert. Das entspricht ihrer schlichten Anwendung, die lediglich aus dem Subjekt mit dem Verb 1 besteht. Es ist so einfach: (S+V1) und fertig!

Beispiele:

Hi, how are you today?
(Hallo, wie geht es dir heute?)

I am fine. Thank you, and you?
(Mir geht es gut. Danke, und dir?)

I am fine. Thank you.
(Mir geht es gut, danke.)

Now, let me introduce my friend, his name is Julian.
(Lass mich dir meinen Freund Julian vorstellen.)
Hi, how are you ?
(Hallo, wie geht es dir?)
Hi, how are you ?
(Hallo, wie geht es dir?)

Das ist eine gewöhnliche, alltägliche Unterhaltung. Das Beispiel verdeutlicht, dass die Present Simple Tense in der Situation verwendet wird, die in diesem Augenblick gerade stattfindet.

Die Verbform entspricht ganz ihrem Namen mit den dazugehörigen Eigenschaften: Sie ist jetzt (Present) und schlicht (Simple).

Wenn du diese Tense schon kanntest, bevor ich sie dir vorgestellt habe, bist du mit Sicherheit mit ihrer Theorie schon vertraut. Deshalb lass uns zur Praxis übergehen und uns einige Beispiele ansehen:

I often come to visit Fabian.
(Ich komme oft um Fabian zu besuchen.)

I always wake up early.
(Ich wache immer sehr früh auf.)

What time do you usually get up?
(Wann stehst du für gewöhnlich auf?)

I get up at 6 o´clock every morning.
(Ich stehe jeden Morgen um 6 Uhr auf.)

How often do you go to the cinema?

(Wie häufig gehst du ins Kino?)

I go to the cinema twice a month.

(Ich gehe zweimal pro Monat ins Kino.)

Do you seldom go to the class?

(Gehst du selten zum Unterricht?)

Yes, I do.

(Ja, das tue ich.)

Wow! So do I.

(Wow! Das mache ich auch.)

Diese Sätze haben die Beziehung nicht nur zur Gegenwart, wie zum Beispiel jetzt gerade oder heute. Hast du das gemerkt?

Diese Ereignisse ziehen sich über einen ganzen Tag, einen ganzen Monat oder ein ganzes Jahr. Einige Ereignisse geschehen häufig oder regelmäßig, bei einigen sind wir daran gewöhnt, dass sie geschehen. Dies kannst du an den zugehörigen Adverbien erkennen. Sie machen klar, dass es sich um Situationen handelt, die unabhängig von einer Zeit immer geschehen können. Das kann gleichermaßen in der Vergangenheit, wie zum Beispiel am vergangenen Tag, wie auch im vergangenen Monat oder letztem Jahr, gewesen sein. Ebenso könnte es aber auch im nächsten Monat, im nächsten Jahr oder sonst irgendwann geschehen.

Die Wörter „often“ (häufig), „always“ (immer), „usually“ „(gewöhnlicherweise), „every morning“ (jeden Morgen), „twice a month“ (zweimal im Monat), und „seldom“ (selten) sind Beispiele für Regelmäßigkeitsadverbien, die wir normalerweise in der Present Simple Tense ausdrücken.

Und jetzt schauen wir noch diese 5 Sätze an, die ohne Adverbien sind.

I´m German.

(Ich bin Deutsche.)

My name is Ingrid.

(Ich heiße Ingrid.)

I´m a student.

(Ich bin Student.)

I live in Cologne.

(Ich wohne in Köln.)

I love Germany.

(Ich liebe Deutschland.)

Die Sätze teilen uns klare Fakten mit. Man muss nicht darüber sprechen, ob sie wahr sind oder nicht. Obwohl das Regelmäßigkeitsadverb fehlt, wissen wir, dass diese Tatsache auch in der Gegenwart zutrifft. Es ist selbstverständlich. Würde man dies hinterfragen, lautete die Antwort mit Sicherheit: „Ja, natürlich!"

Ich bin jetzt Deutsche.
Ich heiße jetzt Ingrid.
Ich bin jetzt Student.
Ich lebe jetzt in Köln.
Ich liebe jetzt Deutschland.

Diese Fakten erstrecken sich über einen langen Zeitraum, aber sie sind eindeutig und offensichtlich.

Dies ist die innere Natur der Present Simple Tense. Präge dir das gut ein.

So, nachdem du das verinnerlicht hast, stelle ich dir die nächste Stufe vor.

Die Beispiele der nächsten Seiten zeigen, dass man die Present Simple Tense zusätzlich auch noch zur Darstellung von allgemein eindeutigen Fakten benutzen kann. Sätze, an deren Inhalt niemand zweifeln kann.

The sun rises in the east and sets in the west.
(Die Sonne geht im Osten auf und im Westen unter.)

Cologne cathedral is in Cologne.
(Der Kölner Dom steht in Köln.)

Paris is in France.
(Paris liegt in Frankreich.)

Buffaloes eat grass.
(Büffel fressen Gras.)
Alle Büffel in dieser Welt
fressen Gras.

Fish swim in water.
(Fische schwimmen im Wasser.)

Fire is hot.
(Feuer ist heiß.)

Birds fly.
(Vögel fliegen.)
Vögel sind fliegende Tiere.

Water flows.
(Wasser fließt.)

Ice is cold.
(Eis ist kalt.)

Fish do not eat stars.
(Fische essen keine Sterne.)
Mir ist bislang jedenfalls noch kein Fisch über den Weg geschwommen, der Sterne vernascht.

Wie du erkennen kannst, kommt es bei der Present Simple Tense auf die Tatsachen, die Fakten an, die in der jeweiligen Situation stattfinden. Fakten, die unumstritten wahr und eindeutig sind und die es auch auf einen langen Zeitraum bleiben werden.

Wenn du diese Sätze sprichst, ist deren Zeitpunkt des Geschehens keine Frage. Die bedeutsame Sache, die hervorsticht und um die es hier geht, sind die nackten Fakten.

Die Fakten sind also der Schlüssel zum tieferen Verständnis der Present Simple Tense.

Während du, bevor du begonnen hast dieses Buch zu lesen, vielleicht noch davon ausgegangen bist, dass Tenses gleichzusetzen sind mit dem Begriff „Zeit", wird dir spätestens jetzt ein Licht aufgegangen sein, dass es sich so nicht verhält. Die Zeit spielt bei den Tenses manchmal eine unbedeutende Rolle, die ganz im Hintergrund oder unwesentlich bleibt.

Bei der Present Simple Tense spielt die Zeit noch eine wichtige Rolle, aber nicht die entscheidende. In manchen Situationen sind hauptsächlich die Fakten von Interesse.

Nun denn, die Natur der Present Simple Tense ist damit schon einmal klarer geworden.

Kommen wir jetzt also zur nächsten Stufe.

Die nächsten Beispiele verdeutlichen, dass die Present Simple Tense sich hauptsächlich auf Fakten und Tatsachen bezieht und dass diese trotz ihres Namens (Present) nicht immer bindend in der Gegenwart stattfinden müssen. Bei den meisten ist dies so, aber nicht immer. Schau es dir an:

The train for Rome leaves Berlin at 6 am tomorrow.
(Der Zug fährt morgen früh um 06:00 Uhr von Berlin nach Rom ab.)

Siehst du das Wort „tomorrow"? Natürlich weißt du, dass das auf Deutsch „morgen" heißt.

Also spielt die beschriebene Situation ganz im Morgen, in der Zukunft. Weshalb verwenden wir in diesem Fall dann keine Zukunftsform?

Wir verwenden hier trotzdem die Present Simple Tense, weil ausschließlich die darin ausgedrückte Tatsache, dass der Zug morgen fahren wird, wichtig ist. Diese Tatsache ist hundertprozentig sicher! Der Zug wird morgen um 06:00 Uhr abfahren! Niemand wird an dieser Tatsache etwas ändern und niemand hat ein Interesse daran, etwas zu ändern!

Da der Sprecher dieses Satzes die Eindeutigkeit seiner Aussage kennt, wählt er hier die Present Simple Tense.

Benötigst du noch ein weiteres Beispiel, um dies zu verinnerlichen? Selbstverständlich hast du das schnell begriffen, aber Wiederholungen vertiefen dein neues Wissen.

Hier habe ich extra für dich zur Sicherheit noch ein weiteres Beispiel.

Tomorrow is Sunday.

(Morgen ist Sonntag.)

Tomorrow (Morgen) ist immer noch morgen. Und das liegt in der Zukunft. Das Ereignis liegt also in der Zukunft und nicht in der Gegenwart. Trotzdem können wir in diesem Fall die Present Simple Tense verwenden, da die Tatsache, dass morgen Sonntag ist, unumstößlich ist. (Dieses Beispiel trifft natürlich nur zu, wenn wir davon ausgehen, dass heute Samstag ist.) Oder bist du anderer Meinung?

Wir können jetzt festhalten, dass es sich bei Erzählungen in der Present Simple Tense meistens um Ereignisse handelt, die in der Gegenwart stattfinden.

Allerdings spielt die Zeit hier oft eine zweitrangige Rolle, da die unumstößliche Tatsache des Satzes viel bedeutsamer als deren Zeitpunkt ist. So ist es, das ist ein Fakt!

Diese Tatsache, auf die wir uns beziehen, kann in einigen Situationen in der Vergangenheit oder bei unumstößlichen Fakten auch in der Zukunft stattfinden.

Sind wir jetzt mit den Ausführungen bezüglich der Natur der Present Simple Tense fertig?

So gut wie, aber noch nicht ganz. Es gibt da noch ein paar Kleinigkeiten und Feinheiten, welche die Natur der Present Simple Tense noch deutlicher machen.

Dazu wenden wir uns jetzt der Natur unserer nächsten Tense, der Past Simple Tense, zu. Die Ausführungen dieser Prinzessin lassen uns die Eigenschaften der Present Simple Tense noch einmal klarer und aus einer anderen Blickrichtung wahrnehmen.

Öffne jetzt also bitte dein Herz für die nächste Tense und deren innere Natur.

DIE PAST SIMPLE TENSE

Name : Past Simple Tense
Aussehen : Subject + V2

Anwendungsbeispiel :

When I was young,
I loved Kristina very much.

(Als ich jung war,
liebte ich Kristina sehr.)

But now I love Natalie.

(Aber jetzt liebe ich Natalie.)

Auf geht´s! Jetzt kommt der Vergangenheits-Vertreter.

Die Anwendung der Past Simple Tense und ihre grammatikalische Struktur sind genauso schlicht und einfach, wie die der Present Simple Tense, die wir ja schon kennen. Nichts Kompliziertes und leicht zu behalten! Man erkennt sie auf den ersten Blick und kann sie nicht verwechseln. Subjekt, gefolgt von Verb 2. (S+V2) Einfach, nicht?

Ihre innere Natur ist ähnlich der der Present Simple Tense. Schließlich kommen die beiden ja aus der gleichen Familie. Da kann man ja nichts völlig anderes erwarten.

Man braucht sie, um einzelne, in sich abgeschlossene Tatsachen zu beschreiben.

Heidenei, schon wieder eine Definition!!!

Was, verflixt noch einmal, ist eine „einzelne, in sich abgeschlossene Tatsache?"

Wie sieht eine „einzelne, in sich abgeschlossene Tatsache" aus?

Zu ihrem besseren Verständnis stelle dir eine Faust vor, die auf den Tisch schlägt! Zack, so ist es! So, und nicht anders!

Eine unmissverständliche einmalige Aussage über eine Einzeltatsache. Sie teilt diese abgeschlossene Tatsache einmal mit und dann ist Ende. Kein Drumherumgerede, ihre Aussage endet in sich. Sie hat nicht das Interesse an Details des Prozesses oder an der Wirkung des Ereignisses (Im Gegensatz zu der Continuous und zu der Perfect Tense.)

(Solltest du den Begriff: „einzelne, in sich abgeschlossene Tatsache" jetzt noch nicht bis in die Wurzeln verstanden haben, keine Sorge. Kein Grund zur Verzweiflung. Warte, bis du die Continuous und die Perfect Tense kennen lernst, ich verspreche dir, dann werden sich die letzten Schatten des Missverständnisses in Luft auflösen.)

Wenn wir normalerweise die „Past Simple Tense" verwenden, sprechen wir über etwas, das in der Vergangenheit geschehen ist.

Etwa so:

Christopher Columbus discovered America in 1492.
(Christopher Columbus entdeckte Amerika im Jahre 1492.)

Jonathan swam in the river everyday when he was a child.
(Jonathan schwamm als Kind jeden Tag im Fluss.)

When I was young, I loved Kristina very much but now I love Natalie.
(Als ich jung war, liebte ich Kristina sehr. Aber jetzt liebe ich Natalie.)

Isa went to Italy 3 years ago.
(Isa ging vor 3 Jahren nach Italien.)

Princess „Past Simple" danced with Snowwhite and the seven dwarves beyond the seven mountains.
(Prinzessin „Past Simple" tanzte mit Schneewittchen und den sieben Zwergen hinter den sieben Bergen.)

Die Past Simple Tense spricht über eine Situation in der Vergangenheit. Es ist schon geschehen, aus und vorbei! Man betrachtet die Situation aus dem Blickwinkel der Zeit, die weit von der Gegenwart entfernt ist.

Dies ist die wichtigste Eigenschaft der Past Simple Tense. Das ist die Tatsache, die in der Vergangenheit passiert ist und die abgeschlossen ist.

Also, das Erste, das dir bei der Past Simple Tense einfallen sollte, ist, dass die Situation geschehen und vorbei ist. Die Geschichte hat aus der Blickrichtung des Erzählers in der Vergangenheit stattgefunden und ist von der Gegenwart weit entfernt.

Verankere dies bitte unwiderruflich in dir als die Natur der Past Simple Tense. Solltest du eine Situation der Vergangenheit beschreiben wollen, denke als aller erstes an die Verbform 2 (V2).

Könnten wir den Fall an dieser Stelle damit abschließen?

Ja, das könnten wir. Das Wichtigste ist darüber gesagt und deutlich geworden.

Aber ... Es gibt da so einige Situationen, bei denen es toll wäre, noch mehr über die Anwendung der Past Simple Tense zu wissen. Anderen sozusagen im Wissen und im Beherrschen der Tenses ein wenig voraus zu sein. Lass deine Türe der Aufmerksamkeit also noch einen Augenblick geöffnet. Mach sie noch nicht dicht, ich habe noch ein paar Bonbönchen bezüglich dieser Tense für dich.

Sobald du dich zu streng an der Zeit orientierst, die ja ein ganz bedeutender Fakt der Past Simple Tense ist, könnte es in einigen Situationen Unklarheiten und Verwirrung geben.

Manchmal verwendet man das V2 der Past Simple Tense auch noch in gegenwärtigen Situationen, selbst wenn das Ereignis gar nicht mit der Vergangenheit in Verbindung steht.

Das klingt vielleicht erst einmal verwirrend, aber du wirst es verstehen, wenn du dir das nächste Beispiel ansiehst:

Can you tell me the time?
Could you tell me the time?

Beide Sätze könnte ein muttersprachlich Englisch Sprechender verwenden, wenn er von jemandem, der eine Uhr hat, die Zeit wissen will.

Beide haben die gleiche Aussage. Was ist also der Unterschied dabei?

Aus der Blickrichtung des Sprechers und in den Ohren des Hörers klingt die zweite Form wesentlich höflicher als die erste.

Was ist daran höflicher?

Der Grund, dass es höflicher klingt, entspringt der Natur der Verb 2 Form der Past Simple Tense, die „could" lautet:

Kannst du dich noch an die Umwandlung dieses Verbs erinnern?

can	could	(können)

Could you tell me the time?
(Könnten Sie mir die Zeit mitteilen?)

Dieser Satz hat die Vergangenheitsstruktur des V2 (could), aber der Sprecher verwendet das Wort in einer gegenwärtigen Situation, die gar nichts mit der Vergangenheit zu tun hat.

Habe ich dich jetzt durcheinander gebracht?

Wenn ja, lies bitte die neue Information zum Gebrauch der Past Simple Tense und füge sie deinem bisherigen Wissen hinzu.

Die neue Information lautet, dass die Eigenschaft oder die Natur der Past Simple Tense nicht nur eine Distanz durch die Zeit (Vergangenheit / Gegenwart) ausdrücken kann, sondern auch einen Abstand der kommunizierenden Personen untereinander. In diesem Fall meinen wir mit Distanz, wie vertraut die beiden sind. Es hat hier also gar nichts mehr mit der Zeit zu tun, wohl aber noch mit Distanz in einer anderen Form!

(Vertrautheit / Höflichkeit) Im Deutschen wird dieses Verhältnis ja durch das „Du" und das „Sie" deutlich. Damit sind wir vertraut. Im Englischen hat man diese Möglichkeit so nicht. Diese Lücke wird durch die Anwendung des Past Simple geschlossen.

In diesem Fall :
Could you tell me the time?
anstatt
Can you tell me the time?

Dies ist ein gutes Beispiel dafür, dass Tenses nicht unbedingt mit der Zeit zu tun haben müssen. Das habe ich dir ja schon zu Beginn des Buches gesagt und jetzt verstehst du das mit Sicherheit viel besser. In diesem Fall ist das Gefühl des Sprechers zum Angesprochenen entscheidend. Ein ganz anderer Fakt als die Zeit!

Bei Distanz zum Gegenüber würde man zum Erfragen der Uhrzeit also auf Englisch höflich: „Could you tell me the time?" und bei Vertrautheit unter Freunden „Can you tell me the time?" sagen. Die Höflichkeitsform der Sprache entscheidet automatisch die Anwendung der Past Simple Form.

Bis hierher siehst du also, dass die Past Simple Tense gleichermaßen verwendet wird, sowohl um eine zeitliche Distanz, als auch um eine Beziehungsdistanz zwischen den Gesprächspartnern darzustellen.

Jetzt hätten wir die Past Simple Tense also geschafft?
Pustekuchen, immer noch nicht ganz!

Es gibt noch eine dritte Form der Distanz, in der die Past Simple Tense zum Einsatz kommt.

Na, die Verbindung „Distanz" und „Past Simple Tense" wirst du sicherlich jetzt schon nie mehr wieder vergessen. Aber sehen wir uns die dritte Form der Distanz zur Verwendung der Past Simple Tense auch noch an.

Diese dritte Distanzform besteht in der Frage nach der Sicherheit einer beschriebenen Angelegenheit.

Mit allem, was uns nahe steht, verbinden wir ein Gefühl großer Sicherheit und Vertrautheit und innerer Verbundenheit.

Willst du beim Sprechen eine sichere, eindeutige Tatsache zum Ausdruck bringen, dann verwendest du dazu die Present Simple Tense, das weißt du ja schon. Das ist jetzt schon eine alte Kamelle für dich.

Aber sobald du über etwas sprichst, das unsicher ist oder mit großer Wahrscheinlichkeitnichteintretenwird,etwasdasunerreichbaroderhoffnungslos ist, dafür verwendest du die Past Simple Tense.

Etwa so, wie in dem Beispiel, in dem Julian Magdalena fragt:

Solange Magdalena sich noch nicht ganz sicher ist, ob sie auf Julians nette Einladung eingehen möchte oder nicht, könnte sie auf zweierlei Arten darauf antworten:

I may come.	oder	I might come.

Die beide Sätze würde man mit „Vielleicht komme ich." ins Deutsche übersetzen.

may	might	(vielleicht)

Obwohl die Bedeutung des Wortes „may" auch nicht zu 100% sicher stellt, dass man das Gesagte tun wird, ist das „I might come" im Hinblick auf die Sicherheit noch eine Stufe unsicherer.

Die Antwort:

„I may come" ist die Present Simple Form. Sie wird aus dem Verb 1 „may" gebildet.

„I might come" hingegen ist die Past Simple Form. Sie wird aus dem Verb 2 „might" gebildet.

Wir können an der Wahl der Verbform erkennen, wie wahrscheinlich etwas ist.

Wählt der Sprecher für seine Antwort die Present Simple Form „may", drückt er eine höhere Wahrscheinlichkeit aus. Er ist sich also schon recht sicher.

Wählt er jedoch die Past Simple Form „might", drückt er eine niedrigere Wahrscheinlichkeit aus. Er ist sich also noch nicht sehr sicher.

Also, fassen wir alle Fakten, die wir über die Nähe der Present Simple Tense und über die Distanz der Past Simple Tense herausgefunden haben, einmal zusammen:

Past Simple Tense	Present Simple Tense
Fern	Nah
1. Fern im Hinblick auf die Zeit. (Es ist vergangen.)	**1. Nah im Hinblick auf die Zeit.** (Es ist taufrisch und aktuell.)
2. Fern im Hinblick auf die Beziehung. (Höflich distanziert.)	**2. Nah im Himblick auf die Beziehung.** (Nah und vertraut.)
3. Fern im Hinblick auf die Sicherheit. (Es ist unsicher.)	**3. Nah im Hinblick auf die Sicherheit.** (Es ist sicher.)

Wieder etwas für hinter die Ohren:

Für die korrekte Auswahl der Tense bei der Kommunikation ist es zunächst wichtig, die Gefühle und Gedanken des Sprechers zu berücksichtigen. Wenn du das beachtet hast, wähle die Tense, deren Natur mit den Gefühlen des Sprechers am meisten übereinstimmt.

Wenn du so vorgehst, wirst du zum Meister der Tenses.

Dann hast du sie im Griff und nicht sie dich.

Weitere Beispiele :

Isa was in Los Angeles five years ago.

(Isa war vor 5 Jahren in Los Angeles.)

Now she is in Paris.

(Jetzt ist sie in Paris.)

Can you show me the way?
(Kannst du mir den Weg zeigen?)

(Dies frage ich meine Busenfreundin Paula.)

Could you show me the way?
(Können sie mir den Weg zeigen?)

(Dies frage ich den fremden Herrn.)

Will you pass me the pen?
(Kannst du mir den Füller geben?)
(Das fragt mich Fabian, mein alter Freund.)

Would you pass me the pen?
(Könnten Sie mir den Füller geben?)
(Die fremde Dame fragt mich überhöflich.)

I could come with you.
(Ich könnte mit dir kommen.)
(Diese Aussage kommt gar nicht so entschieden sicher rüber.)

I can come with you.
(Ich kann mit dir kommen.)
(Die Sache steht felsenfest. Da bringst du mich nicht mehr von ab!)

Stell dir vor, du willst einen Unbekannten höflich etwas fragen:

What would you like to drink?
(Was möchten Sie gerne trinken?)

Seine Antwort wird auch so höflich sein, wie zum Beispiel:

I would like a cup of coffee.
(Ich hätte gerne eine Tasse Kaffee.)

oder

I would like a bottle of wine.
(Ich hätte gerne eine Flasche Wein.)

Und das Getränk wird (mit Höflichkeit) getrunken. Hicks!
Dann haben wir das mit dem „will" und dem „would" geschafft.

DIE FUTURE SIMPLE TENSE

Name : Future Simple Tense

Aussehen : Subject + will+V(Infinitive)*

Anwendungsbeispiel :

I´ll make some tea.
Do you want some?
(Ich koche Tee.
Möchtest du auch welchen?)

Yes, please. I´d love some, if you are making it.
(Ja, bitte. Ich hätte gerne davon, wenn du welchen kochst.)

*

Was ist Infinitive?
Infinitive ist die ungeschminkte und nackte Form eines Verbs, das weder einer Person, noch einer Situation zugeordnet wurde.
Das ist sozusagen die Verbbasis. Auf ihr baut dann die personen- oder situationsbezogene weitere Veränderung des Verbs auf.

Obwohl diese Tense das Hilfsverb „will" (oder „shall") benötigt, ist sie von ihrer Struktur und von ihrem Verständnis ähnlich einfach, wie die beiden vorherigen Tenses.

Wir finden die Future Simple Tense in der gleichen Familie wie die beiden anderen. (Present Simple und Past Simple) Sie gehören seit jeher zusammen. Das Merkmal dieser Familie ist ihre Schlichtheit.

Normalerweise gebrauchen die meisten Menschen die Future Simple, wenn sie über die Zukunft sprechen. Ihre Form ist sehr einfach und unkompliziert. Du musst dem Infinitiv des Verbs ein „will" (oder ein „shall") vor die Nase setzen und das war es schon. Leicht und locker, daher gleich sympathisch.

Noch leichter wird es dadurch, dass das „shall" in der heutigen Zeit aus der Mode kommt. Normalerweise wurde das bei „I" (ich) und bei „we" (wir) eingesetzt. Es ist natürlich auch heute nicht falsch, das zu tun. Aber es ist unüblich oder modern gesagt: „out".

Beispiele :

I will open the window. It´s too dark here.
(Ich werde das Fenster öffnen. Es ist hier zu dunkel.)

She will help me doing my work.
(Sie wird mir bei meiner Arbeit helfen.)

If you invite him, he will come.
(Wenn du ihn einlädst, wird er kommen.)

They will come here again tomorrow.
(Sie werden morgen wieder kommen.)

I will take you home. Don´t worry.
(Ich werde dich nach Hause bringen. Keine Sorge.)

The phone is ringing. I will answer it.
(Das Telefon klingelt. Ich werde ran gehen.)

I will go to see the movie. Will you come with me?
(Ich werde mir den Film ansehen. Wirst du mit mir kommen?)

So schlicht und einfach verwenden es die meisten Englisch sprechenden Menschen.

Gleichgültig wie das Subjekt des Satzes ist, man verwendet das „will" für alle gleichermaßen.

In England ist auch heute noch die alte Grammatikregel gebräuchlich, nach der man „shall“ statt „will“ (wenn das Subjekt „I“ oder „ we“ ist) verwendet:

I shall open the window. It´s too dark here.
(Ich werde das Fenster öffnen. Es ist zu dunkel hier.)

If you invite me, I shall come.
(Wenn du mich einlädst, werde ich kommen.)

We shall go to see the movie. Will you come with us?
(Wir gehen uns den Film ansehen. Wirst du mit uns kommen?)

I shall not sleep until it is done.
(Ich werde nicht schlafen bis es fertig ist.)

We shall study Italian next year.
(Wir werden nächstes Jahr Italienisch lernen.)

Aber in manchen Situationen verwendet man „shall“ für eine andere Bedeutung.

Shall I visit you this evening?
(Soll ich dich heute Abend besuchen?)

Shall we go to the cinema tonight?
(Wollen wir heute Abend ins Kino gehen?)

Du erkennst sicher auf den ersten Blick, dass die Sätze sich nicht vorrangig auf die Zukunft beziehen, sondern, dass sie viel eher als Frage zu verstehen sind: Im Sinne einer Erlaubnis dafür, etwas tun zu dürfen. (Shall I visit you this evening?) Oder im Sinne einer einladenden Aufforderung. (Shall we go to the cinema tonight?)

Wenn du über eine Situation sprichst, die in der Zukunft spielt, dann benutze immer das „will". Damit machst du nichts falsch und du hast es einfacher.

Aber es gibt noch eine einfachere Form, es richtig zu machen und mögliche Fehler zu vermeiden.

Nutze die Kurzform des „will", die darin besteht, hinter dem Subjekt ein Apostroph zu setzen und dann zwei „ll" anzufügen. Der Trick dabei ist, dass es sich nicht nur um die Kurzform des „will" handelt, sondern ebenso um die Kurzform des „shall".

Super, oder?

Das heißt, du kannst es dir noch viel einfacher machen.

Das sieht dann so aus:

I´ll open the window.
(Ich werde das Fenster öffnen.)

She´ll help me doing my work.
(Sie wird mir bei meiner Arbeit helfen.)

If you invite him, he´ll come.

(Wenn du ihn einlädst, wird er kommen.)

They´ll come here again tomorrow.

(Sie werden morgen wieder kommen.)

I´ll take you home. Don´t worry.

(Ich bringe dich nach Hause. Keine Sorge.)

The phone is ringing. I´ll answer it.

(Das Telefon klingelt. Ich gehe ran.)

I´ll go to see the movie. Will you come with me?

(Ich werde mir den Film ansehen. Willst du mitkommen?)

I´ll make some tea. Do you want some?

(Ich koche Tee. Möchtest du welchen haben?)

Wenn du diese Kurzform wählst, liegst du immer 100% richtig, es ist viel leichter und du sprichst modern. (we shall = we'll, I shall = I'll) So wird heutzutage gesprochen und geschrieben. Mache es dir leicht, dann bist du „in". (Jedenfalls in diesem Fall.)

Das Wort „will" zur Betonung von einem Entschluss:

Es gibt Situationen, in denen man das Wörtchen „will" nicht nur benutzt, um eine Situation in der Zukunft zu beschreiben, sondern auch, um einen Entschluss zu betonen. In diesen Fällen wird das Wort „will" auch besonders hervorgehoben. Ich zeige es dir:

I WILL climb to the top of that mountain.
(Ich werde diesen Berggipfel erklimmen.)

I WILL understand English verb tenses in one week.
(Ich werde die englischen Tenses in einer Woche begreifen.)

I WILL speak English fluently in one year.
(Ich werde in einem Jahr fließend Englisch sprechen können.)

I WILL love you forever.
(Ich werde dich ewig lieben.)

I WILL do it. I promise.
(Ich werde es machen. Das verspreche ich dir.)

Zu guter Letzt möchte ich noch einmal hervorheben, dass die Future Simple Tense für Situationen benutzt wird, die in der Zukunft geschehen werden. Normalerweise, wenn der Sprecher etwas mitteilen möchte, das er jetzt gleich tun möchte. (ohne vorherige Planung)

Darüber hinaus wird diese Tense noch bei Bedingungssätzen verwendet, weil es noch nicht 100%ig sicher ist, dass das Ereignis in der Zukunft geschehen wird.

Etwa wie:

If you invite me, I will come.
(Wenn du mich einlädst, werde ich kommen.)

If it rains, I won't go.
(won't = will not)
(Wenn es regnet, werde ich nicht gehen.)

If you behave badly,
I will look for a new girlfriend.
(Wenn du dich daneben benimmst, werde ich mir eine andere Freundin suchen.)
(Damit du es schon einmal weißt.)

(Aber wenn ein Ereignis sicher in der Zukunft geschehen wird, ohne dass wir etwas daran ändern könnten, wenn Situationen unabänderlich sind, dann benutzen wir die Present Simple Tense. Bitte vergiss das nicht!)

So, jetzt sitzt dein Wissen schon mit unseren bisherigen drei lieblichen Prinzessinen. Du bist schon fast ein Profi. Mit den dreien kannst du unbeschwert und leichtfüßig durch die Vergangenheit, die Gegenwart und die Zukunft schweben.

Aber nicht genug damit. Es warten noch weitere, nicht weniger charmante Prinzessinnen auf dich. Wenn du deren Natur erst kennst, siehst du ihre Vorzüge in der Kommunikation mit anderen.

Weiter geht es mit dem Grammatikmärchen

Erinnern wir uns noch einmal an unseren König Tense mit seinen 4 Frauen und deren Kindern, den geliebten 12 Prinzessinnen des Königs. Jetzt wollen wir die Familie der zweiten Frau des Königs (Continuous) einmal näher kennen lernen und erfahren, wie sie sind, wie sie sich geben, was ihnen wichtig und wertvoll ist und was sie alle miteinander verbindet.

Es ist eine wache, aktive Familie. Sie sind fröhlich und immer in Bewegung.

Königin „Continuous" ist eine lebendige Frau. Sie fühlt sich im Sommer zu Hause. Dann, wenn das aktive Leben seine Hauptzeit hat, wenn alles in der Natur vor Lebendigkeit und Aktivität prall gefüllt ist und vor Energie fast zerbirst.

Ja, das ist die richtige Zeit unserer Königin „Continuous". Dann lebt sie sich in aller sprudelnden Kraft aus, dann tritt sie in den Vordergrund vor die anderen.

Nennen wir diese Königin und ihre Töcher die **T.D.U.** Familie.

Der Name verrät uns vieles über ihr Wesen. Daran stellen sie uns ihre Eigenarten, ihre Grundcharaktere vor, damit wir sie nicht mehr so schnell vergessen.

Temporary

Was sie tun ist vorübergehend.

Duration

Ihr Tun benötigt eine gewisse Zeit und Dauer.

Unfinished

Das, was sie tun ist noch nicht beendet.

Die Continuous Mutter hat also drei Töcher :

Past Continuous

Das Leben der Ältesten spielt sich in der Vergangenheit ab. Sie ist geradewegs süchtig nach der Vergangenheit.

Present Continuous

Die Mittlere ist die modernste und modebewussteste unter ihnen. Sie liebt den gegenwärtigen Augenblick. Dort ist sie zu Hause. Hier kann sie sich ganz in Szene setzen.

Future Continuous

Die Jüngste schwelgt in Gedanken immer in der Zukunft. Diese malt sie sich in den buntesten und schillerndsten Farben aus. Sie lebt für ihre Sehnsüchte und Wünsche, die immer in der Ferne liegen.

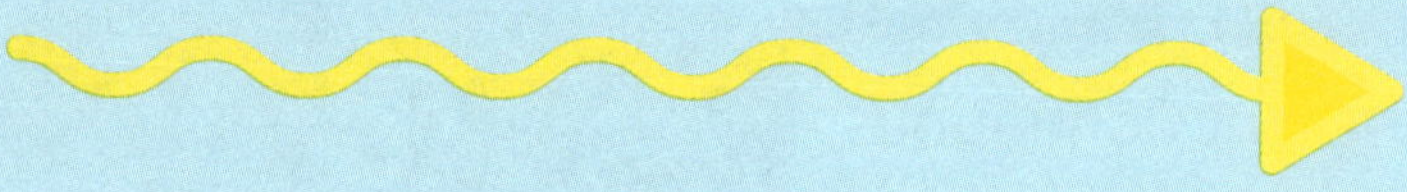

Die Natur der Continuous Tense

Die Tenses der Simple-Gruppe, die wir gerade gelernt haben, beschreiben eine generelle Tatsache. Sie geben eine Information als ganzes Bild, gradlinig und schlicht.

So ist es, das ist Fakt!

Das ist die Tatsache!

Die Continuous Tense aber fokussieren einen Zeitraum, in dem das Ereignis stattfindet.

Situationen oder Umstände, die von der Continuous Tense beschrieben werden, müssen deren drei Eigenschaften abdecken:

Temporary	Duration	Unfinished
(Es ist vorübergehend.)	(Es dauert eine Weile.)	(Es ist noch nicht beendet.)

Nehmen wir die drei Eigenschaften als ein Wort zusammen, erhalten wir den Begriff:

Temporary-Duration-Unfinished

den wir kurz **T.D.U.** nennen. Nachdem wir geklärt haben, was sich hinter T.D.U. verbirgt, haben wir die drei Eigenschaften dieser Gruppe immer wieder unmittelbar greifbar. Sie können uns nicht mehr davonlaufen.

Alle drei Continuous Tenses decken also diese drei Grundnaturen ab, gleich ob sie in der Present-, der Past-, oder in der Future-Zeit spielen.

Betrachten wir eine zu beschreibende Situation als Drama, das auf einer Bühne aufgeführt wird. Alle drei nutzen als Hintergrund der Szene die Zeit.

Bei der Present Continuous Tense ist der Hintergrund die Gegenwart, bei der Past Continuous Tense die Vergangenheit und die Future Continuous Tense spielt sich vor dem Hintergrund der Zukunft ab.

Um die drei noch besser zu verstehen, um sie exakter zu ergründen, sehen wir uns zunächst die Present Continuous Tense näher an. Sie ist am leichtesten zu verstehen. Haben wir sie erst begriffen, erhalten wir das Verständnis der zwei anderen als Geschenk dazu.

DIE PRESENT CONTINUOUS TENSE

Name : Present Continuous Tense
Aussehen : Subject + is/am/are + V-ing

Anwendungsbeispiel :

Am ersten Teil des Namens „Present" (jetzt) dieser Tense erkennst du direkt, dass es sich dabei um eine Situation oder um eine Aktion handelt, die sich in der Gegenwart abspielt.

Und diese Tense beinhaltet außerdem noch die kontinuierliche Dauer einer Situation, was uns ihr weiterer Name „Continuous" verrät.

Die „Present" Eigenschaft dieser Tense ist ganz offensichtlich, da ihre zugeordnete Situation im gegenwärtigen Augenblick, im Hier-und-Jetzt, geschieht.

Erinnern wir uns noch einmal an die drei Grundeigenschaften von Continuous, die wir ja schon kennen.

1	2	3
Temporary	Duration	Unfinished

1 Temporary

Eine Temporary-Aktivität ist nicht endlos. Wählt jemand zur Beschreibung einer bestimmten Situation die Continuous Tense, dann findet diese innerhalb eines vorübergehenden Zeitraumes statt und nicht permanent.

Zum leichteren Verständnis, sieh dir die Beispiele an:

Jonathan ist Amerikaner. Er arbeitet als Englischlehrer in Köln. Dort nennen ihn seine Freunde „Little Jo".

Aber völlig egal, wie er genannt wird oder wie er sich selber nennt. Dieser Umstand hat nicht die geringste Auswirkung auf unsere Übungen mit den Tenses. Wir sollten lieber wachsam auf das Verb schauen, mit dem wir unseren Satz und unsere Antwort auf die Frage in der Übung aufbauen.

Fragen wir „Little Jo" danach, wo er lebt, kann er auf zweierlei Arten darauf antworten:

Mit dem Satz: „I am living in Cologne." drückt Jonathan etwas völlig anderes aus als mit dem Satz: „I live in the U.S.A."

Sobald Jonathan empfindet, dass sein Leben in Köln nur innerhalb eines vorübergehenden Zeitraumes stattfindet, wählt er die „Present Continuous Tense", um seine Situation zu erklären. „I am living in Cologne." Dies ist die Form, die uns deutlich macht, dass Jonathan seinem Empfinden nach nicht dauerhaft in Köln bleiben wird. Sobald sein Vertrag mit der Schule in Köln ausläuft, wird er wieder in seine Heimat Amerika zurückkehren.

Sagt Jonathan „I live in the U.S.A.", möchte er damit ausdrücken, dass Amerika seine Heimat ist, und er generell dort lebt.

Um die Unterschiede von temporary und permanent noch deutlicher zu machen, sieh dir noch ein weiteres Beispiel an.

Wieder dreht es sich um unseren „Little Jo". Aber diesmal handelt es sich um eine viel schönere Sache in seinem Leben.

Jonathan hat sich in Köln ganz unsterblich in eine wunderschöne Sängerin mit Namen „Isabel" verliebt.

Isabel ist also Sängerin und Jonathan Englischlehrer.

Die Verbformen in den folgenden Bildern werden dir klar machen, wer von den beiden etwas Permanentes und wer von ihnen etwas Temporäres macht.

Isabel sings. She is a singer.
(Sängerin ist ihr Beruf.)

Jonathan is singing.
He is an English teacher.
(Sein Beruf ist Englischlehrer, aber er singt in der Kneipe nur vorrübergehend, um extra Geld zu verdienen.)

Dies ist der eine Unterschied zwischen „Present Continuous" und „Present Simple", nämlich …

Present Continuous hat die Bedingung an die beschriebene Situation, dass diese vorrübergehend ist.

Present Simple aber stellt keine Bedingungen an die Zeit. Also kann die Situation oder das Ereignis unbegrenzt geschehen.

Fragen wir Jonathan auf Englisch: „What do you do?" (beruflich), wird er darauf antworten: „I am a teacher. I teach English."

Aber wenn Jonathan sich dazu entschließen würde, seinen Lehrberuf zu unterbrechen, um in einer Kölner Kneipe zu singen, wie seine Isabel, dann lautete seine Antwort: „I am singing."

Er würde die Present Continuous-Verbform benutzen, damit deutlich wird, dass er nur für eine Weile singt.

Anhand der Beispiele wurde dir der Unterschied ganz sicherlich klar und deutlich.

Gut, nachdem wir das geklärt haben, lass uns etwas über die zweite Eigenschaft der Continuous Tenses lernen.

2
Duration

Jetzt kommen wir zur zweiten Eigenschaft, die Continuous Tenses immer aufweisen: Das Ereignis dauert eine gewisse Zeit. Es passiert nicht nur in einem kurzen Augenblick, wie …

Magdalena is dancing.

Um die Tätigkeit unserer wunderschönen Magdalena auf dem Bild zu beschreiben, wurde die Present Continuous-Verbform gewählt. Wir erfahren, was sie jetzt gerade macht. Tanzen ist eine Aktivität, die eine gewisse Weile andauert und nicht nur in einem kurzen Augenblick geschieht.

Aber wenn das Ereignis plötzlich, in einem kurzen Augenblick geschieht, können wir nicht die Continuous Tense verwenden. Dem Ereignis fehlen die Eigenschaften, die eine Zeitperiode beim Continuous haben muss.

So etwa wie ...

Ein einzelner Schuss von Rudi, dem Bankräuber.

Ein einzelner Chinakracher knallt.

Ein einzelner Messerwurf eines chinesischen Kämpfers.

Aber ... aber es sei denn, das Ereignis geschieht mehrmals hintereinander. Dann würde das wiederholte Geschehen wiederum einen gewissen Zeitraum andauern.

Rudi is shooting again and again.

(Rudi schießt immerfort.)

Many firecrackers are exploding all over the place.

(Viele Chinakracher knallen überall.)

The Chinese fighter is throwing his knives again and again.

(Der chinesische Kämpfer wirft seine Messer immerfort.)

Also gut, mal sehen, ob du das verstanden hast. Schau dir das nächste Bild an. Welche Tense-Form sollten wir hier verwenden, um die Tätigkeit des Mannes zu beschreiben?

A **He is shooting.**

B **He is pointing the gun.**

Nur keine Hetze. Du hast alle Zeit der Welt. Tick, tack, tick, tack ...

Jetzt sehen wir uns mal das Ergebnis an:

Das Bild sollte die Geschichte mit: „He is pointing the gun" erzählen, da das Zielen mit dem Gewehr eine gewisse Zeit in Anspruch nimmt und es so der Natur der Present Continuous entspricht.

Aber das „Peng" selbst ist ein Ereignis, das viel zu kurz ist, um in der Present Continuous-Form erzählt werden zu können.

Es sei denn, dass viele „Pengs" aufeinander folgen. Peng! Peng! Peng! Peng! Peng!

Also kann der Satz: „He is shooting" ebenso gebraucht werden, selbst wenn es keinen weiteren Erklärungssatz gibt, da wir an der Natur dieses Verbs erkennen, dass er das Schießen fortsetzt.

Das lohnt sich für immer zu merken:

Wenn du dir das Folgende sicher merkst, kannst du Continuous- und Simple Tenses ab jetzt immer sofort unterscheiden. Sie werden dir nie wieder Schwierigkeiten bereiten.

Willst du die Natur der Continuous verstehen, stelle dir einen Film vor, den du dir im Kino ansiehst. Die aufeinanderfolgenden Bilder des gesamten Filmes oder eines Filmausschnittes werden in der Continuous Tense erzählt. Sie braucht die Dauer des Filmes oder eines andauernden Abschnitts. Merke dir dieses Symbol zum Erkennen der Continuous:

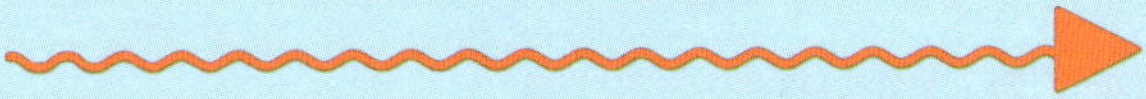

Innerhalb dieser Linie kann und wird einiges geschehen. Sie bietet Platz für viele Ereignisse.

Die Simple Tense dagegen hat eine völlig andere Natur: Sie ist wie ein einzelner, in sich abgeschlossener Schnappschuss, der mit einem Fotoapparat geschossen wurde. Zack und das Foto hält den Augenblick fest und lässt ihn erstarren. Dieses Bild sagt in sich alles aus, was es aussagen möchte. Präge dir dazu dieses Symbol ein, das neben sich keinen Platz lässt.

Es ist die Faust, die zuschlägt. Das ist so. Fertig, aus.

Test ... Test ...

1. Überschlag heißt auf English „somersault". Stelle dir vor, dass Isabel plötzlich einen einzelnen Überschlag vor dir macht, ohne es vorher zu sagen. Kannst du dann zur Beschreibung des Geschehens die Present Continuous-Form benutzen?

2. Wenn ich dir jetzt aber sage: „Jackie Chan is kicking Fabian." Kannst du dir vorstellen, wie viele Tritte Fabian von ihm abbekommen wird?
Wenn du die Antwort darauf weißt, gehe weiter zur nächsten Lernstufe über die Eigenschaften der Continuous Tense. (Wenn du dir aber noch nicht so ganz sicher bist, schau dir einfach die Antwort auf die Frage an.)

Die Antwort zu unserer Frage:

1. Wir können die Sachlage nicht während eines einzelnen Überschlages klären. Der vergeht viel zu flott. Aber wir können den Satz: „Isabel is doing somersaults." verwenden. Sofern Isabel bereit ist, mehrere Überschlage für uns hintereinander zu machen. (Das „S" am Ende des Wortes „somersaults" verrät uns, dass Isabel es viele Male macht.) Wenn Isabel wirklich nur einen Überschlag schlägt, lautet der Satz: „She made a somersault."

2. Jackie Chan muss Fabian viele Male treten, damit wir grammatikalisch korrekt bleiben. Auch wenn du nicht mitteilst, wie häufig er ihn genau trifft, erfahren wir vom Verb im Satz („is kicking"), dass es einige Male gewesen sein müssen. Der Kampf dauert also eine Weile an.

3 Unfinished

Das Herz der dritten Natur der Present Continuous sagt aus, dass das Ereignis noch nicht beendet ist.

In etwa:

I am studying at Heidelberg University.

(Ich studiere an der Universität in Heidelberg.)

Wenn ich das sage, bedeutet es, dass ich nach wie vor noch dort studiere, dass ich meinen Abschluss noch nicht erreicht habe.

Plaifa is painting on an umbrella.

(Plaifa malt gerade den Schirm an.)

Während ich das sage, hat sie ihre Arbeit noch nicht beendet.

Jan and Rainer are fighting.

(Jan und Rainer kämpfen.)

Während ich dies sage, kämpfen sie immer noch.

Ingrid and Charly are practicing Tai Chi.

(Ingrid und Charly üben Tai Chi.)

Während ich das sage, haben sie ihre Übungen noch nicht abgeschlossen.

Wir können festhalten: Die Natur der Present Continuous Tense sagt, dass die Aktion in der Gegenwart stattfindet und sie muss folgende Eigenschaften abdecken:

[Temporary] [Duration] [Unfinished]

Kurzform : T.D.U.

Lass uns zur Sicherheit noch ein paar weitere Beispiele ansehen, die den Anforderungen dieser Tense gerecht werden.

The baby is crying.
(Das Baby weint gerade.)
Weinen ist ein andauerndes Ereignis, das eine Weile anhält und während ich spreche hört das Baby einfach nicht damit auf.

Ingrid is speaking on the phone.
(Ingrid telefoniert gerade.)
Ingrids Telefonat ist noch nicht beendet, während ich dir das sage. Und da ich Ingrid kenne, kann ich behaupten, dass es das auch in der nächsten Stunde noch nicht sein wird.

Karla is swimming.

(Karla schwimmt gerade.)

Schwimmen ist Karlas derzeitige Tätigkeit. Schwimmen benötigt Zeit und während ich spreche, ist Karla noch nicht fertig damit.

Osuki and Hisuzu are wrestling.

(Osuki und Hisuzu kämpfen gerade.)

Der Kampf ist vorübergehend. Der Kampf wird eine Weile anhalten und ist jetzt noch nicht beendet.

Gänseblümchen is smiling.

(Gänseblümchen lächelt gerade.)

Gänseblümchen, der freundliche Büffel, lächelt gerade. Mag er auch noch so freundlich sein, er wird nicht ewig lächeln. Irgendwann wird er auch wieder ernst oder fragend schauen. Aber jetzt gerade, während ich dir das sage, lächelt er noch. Das ist nicht zu übersehen, oder?

Birds fly.

(Vögel fliegen.)

Pass auf, dass du bei aller Freude am Lernen nicht übersiehst, dass es sich bei diesem Satz um **kein Present Continuous** handelt.

Wenn du gut aufgepasst hast, verrät dir diese Verbform gleich, dass es sich hier um ein Present Simple Verb handelt. **(S+V1)**

Weshalb?

Weil es eine feststehende Tatsache ist, dass Vögel von ihrer Natur aus fliegen. Das können wir jeden Tag und in jedem Land am Himmel beobachten.

Die Present Simple-Form hat keine Bedingung an den Zeitpunkt der Handlung. Während ich spreche wird es Vögel geben, die gerade nicht fliegen. Aber von ihrer Natur her können wir behaupten: **„Birds fly."**

Wenn wir am Beispiel der Vögel die Present Continuous-Verbform erklären wollen, müssen wir das Beispiel etwas verändern. Wir könnten zum Beispiel sagen:

The birds are sitting on the branch.
(Die Vögel sitzen auf dem Ast.)

Das Sitzen auf dem Ast ist eine vorübergehende Tätigkeit. Aber während ich dies erkläre, sitzen diese zwei Vögel immer noch auf dem Ast.

Hast du schon bemerkt, dass es immer vom Sprecher abhängt, für welche Tense er sich entscheidet? Es kommt auf dessen Blickwinkel, Gefühle und Gedanken an, wie er sich den anderen mitteilen möchte, welchen Schwerpunkt er in seiner Mitteilung durch die Auswahl der Tense an die erste Stelle setzt. So gesehen darf man den Sprecher als den „Meister der Tenses" betiteln!

Anhand der vielen Beispiele und Erklärungen sollte die Natur der Present Continuous Tense jetzt klar und deutlich geworden sein.

Alles ist sicher und eindeutig bei dir angekommen, nicht wahr?

Wir wissen also, dass die Present Continuous-Form dazu benutzt wird, wenn man vermitteln möchte, dass eine Situation jetzt geschieht, dass sie vorübergehend ist und dass sie noch nicht abgeschlossen ist, wie es beim Present Simple beispielsweise der Fall ist.

OK, wir können nun mit dieser Tense zum Ende kommen.

Eine Sache solltest du aber noch wissen, wenn du alles über die Present Continuous-Form erfahren möchtest.

Es gibt da noch eine Kleinigkeit, eine Extrafunktion dieser Tense sozusagen.

Die Extrafunktion der Present Continuous besteht darin, dass ich sie ebenso dazu nutzen kann, eine Situation in der Zukunft zu beschreiben.

Das ist ja ein Ding! Present Continuous für die Zukunft?

Widerspricht das nicht allen bisher genannten Regeln und Erklärungen? Wirft das nicht alles vorher Gelernte über den Haufen?

Nur die Ruhe! Alles zuvor Gesagte behält im vollen Ausmaß seine Richtigkeit. Ich hebe nichts davon wieder auf.

Bei dieser Zusatzfunktion handelt es sich um eine Aufgabe der Present Continuous, bei deren Gebrauch wir oft gar nicht mitbekommen, dass wir sie benutzen. So nah und vertraut ist uns deren Anwendung.

Sieh dir einmal das Beispiel an.

Jonathan spricht mit Isabel:

„I am leaving tomorrow."
(Ich reise morgen ab.)

Dieser Satz, der eindeutig in der Present Continuous-Form gesprochen wurde, handelt von einer Aktivität, die in der Zukunft liegt, wie uns das kleine Wörtchen „tomorrow" (morgen) verrät.

Die Situation findet nicht jetzt statt, sondern sie wird erst in der Zukunft geschehen. In diesem Fall wird die Present Continuous-Form nicht nur zur Beschreibung des gegenwärtigen Geschehens genutzt, sondern wir können damit auch sagen, was wir in der Zukunft zu tun planen.

Nachdem Jonathan Isabel mitgeteilt hat, dass er sie verlassen wird, würden vermutlich noch einige Sätze folgen, die ihr klarmachen, dass es sich dabei um ein geplantes Vorhaben für die Zukunft handelt.

(Das zeigt uns, dass er schmollt.)

Lass uns zur Klärung dieser Sonderform der Present Continuous noch einige weitere Beispiele ansehen.

„I am not working for these people next year."
(Ich werde nächstes Jahr für diese Leute nicht mehr arbeiten.)

Diese Mitteilung sagt uns, dass es sich dabei um eine Vorplanung für ein zukünftiges Ereignis handelt. Bei diesem Ereignis ist zweifellos durch die Wörtchen „next year" (nächstes Jahr) ausgedrückt, dass es in der Zukunft und nicht jetzt passieren wird.

Das gleiche trifft auf die nächste Situation zu. Familie Müller plant, die nächsten Tage zur Erholung am Strand zu verbringen. Aber die Tochter Ingrid sagt dazu:

„I am not going anywhere. I am staying here."
(Ich gehe nirgendwo hin. Ich bleibe hier.)

Dies ist Ingrids geplantes Vorhaben für die nächsten 10 Tage. Sie möchte damit mitteilen, dass sie für die nächsten 10 Tage entschieden hat, zu Hause zu bleiben.

Es lohnt sich, das Folgende nie mehr zu vergessen:

Die Hauptaufgabe der Present Continuous Tense besteht darin, ein Ereignis mitzuteilen, das jetzt gerade, aber vorübergehend und ohne bisher erreichtes Ende, stattfindet.

Zusätzlich hat sie noch die erweiterte Aufgabe übernommen, eine vorgeplante Aktivität mitzuteilen.

Also, wie können wir erkennen, wann es sich um die Gegenwart und wann um die Zukunft handelt?

Das können wir ganz einfach an den Umständen der beschriebenen Situation erkennen. Ich garantiere dir, dass du das mit deinem neuen Wissen erkennen wirst. Das klappt jetzt wie von selbst.

Endlich kommen wir ans Ende des Present Continuous- Falles.

Aber ich habe noch eine winzige Zugabe für dich. Man könnte sagen, das ist noch ein kleines Zusatzgeschenk von mir für dich!

Die Zugabe erscheint ähnlich wie die Present Continuous Tense, ist aber nicht das Gleiche.

Diese neue, interessante Zusammensetzung besteht aus:

be + going + V (infinitive)

Beispiel :

„Oh! It's ten past ten. I'm going to be late."
(Oh, es ist zehn nach zehn. Ich werde mich verspäten.)

Bei dieser Form handelt es sich, wie bei der zuvor genannten Vorplanung der Present Continuous, um die Zukunft, wobei es aber einen kleinen Unterschied gibt.

Der Fall: „be + going to + V (Infinitiv)" wird gewöhnlich für Situationen eingesetzt, die sehr bald und mit an Sicherheit grenzender Wahrscheinlichkeit stattfinden werden. Anders ausgedrückt: Wir erwarten sicher, dass sie bald stattfinden werden.

Rainer <u>is going to win.</u>

(Rainer wird gewinnen.)

(Rainer hat Bernhard sehr hart getroffen, siehst du das? Rainer wird mit großer Wahrscheinlichkeit gewinnen.)

It's <u>going to</u> rain soon.

(Es wird bald regnen.)

(Siehst du die dunklen Wolken am Himmel? Wir kommen um den dicken Platzregen sicherlich nicht herum.)

Bei der Struktur des Satzes: „be + going to + V (Infinitive)", wird das Wort **„going to"** meistens als **„gonna"** ausgesprochen, insbesondere, wenn der Satz von einem Menschen mit englischer Muttersprache gesprochen wird.

Oops! It's ten past ten. I'm gonna be late.
(Ups! Es ist 10 nach 10. Ich werde mich verspäten.)

It's gonna rain soon.
(Es wird bald regnen.)

Rainer is gonna win.
(Rainer wird gewinnen.)

I'm gonna see you again, right?
(Ich werde dich wiedersehen, nicht wahr?)

Don't worry. It's gonna be all right.
(Mach dir keine Sorgen. Alles wird gut.)

Nachdem du diese besondere Anwendung von mir als Zusatzgeschenk erhalten hast, wird es jetzt Zeit, dass wir uns der nächsten Tense, der Past Continuous zuwenden, die auch zur lebhaften Familie „Continuous" gehört.

DIE PAST CONTINUOUS TENSE

Name : Past Continuous Tense
Aussehen : Subject + was/were + V-ing

Anwendungsbeispiel :

I was eating when Natalie arrived home.
(Ich aß gerade, als Natalie heimkam.)

Sobald du das Wort „Continuous“ liest, ist immer klar, dass es folgende Bausteine beinhaltet:

1. die Verbform **„to be“,**
2. gefolgt von dem eigentlichen Verb mit der Endung: **„ing“.**

Diese beiden Bestandteile fehlen **NIE** beim Continuous. Dem dürfen wir bedingungslos vertrauen. Diese Tatsache ist unumstößlich!

Das Wort „Past“ macht uns dagegen sofort klar, dass das Verb „to be“ in der V2-Form erscheint. Ob wir dabei das „was“ oder das „were“ benutzen, ist vom Subjekt des Satzes abhängig.

Ist das Subjekt: „I, He, She, It, Natalie“ oder „Jonathan“, lautet das Verb: **„was“.**

Ist das Subjekt dahingegen: „We, You, They, Fabian and Charly“, so lautet das Verb: **„were“.**

Diese Tense besitzt exakt die gleichen Basisvoraussetzungen wie die Present Continuous. Sie bestehen aus:

1
Temporary
(Vorübergehend)

2
Duration
(Dauer)

3
Unfinished
(Unvollendet)

Der einzige Unterschied zwischen dem Present Continuous und dem Past Continuous ist die bezugnehmende Zeit. Das Present findet JETZT und das Past fand in der VERGANGENHEIT statt.

Knöpfen wir uns mal wieder die Beispiele zum Thema vor. Dann verschwindet auch die kleinste Unklarheit.

Last night, it was raining very hard.
(Letzte Nacht regnete es sehr heftig.)

1. Das Regnen ist ein vorübergehendes Ereignis der Natur. Es wird mit Sicherheit nicht ewig weiter regnen, soviel ist sicher. (Temporary)

2. Das Regnen dauert eine gewisse Zeit. (Duration)

3. Die bezugnehmende Zeit ist gestern (also in der Vergangenheit). In dieser vergangen Zeit regnete es stark und die bezugnehmende Zeit (die vergangene Nacht) war die Plattform, in der das Ereignis stattfand. In diesem Zeitrahmen (der vergangenen Nacht) hielt der Regen an, war also noch nicht beendet. (Unfinished)
Betrachte das Ereignis als einen Filmausschnitt, der in der Vergangenheit spielt.

Nützlichkeit dieser Tense:

Die Past Continuous Tense zeigt uns, dass ein bereits vergangenes Geschehen eine gewisse Dauer hatte. In diese Rahmengeschichte konnte eine andere Handlung hineintreten.

Lass uns noch einmal das vorherige Beispiel ansehen:

Last night, it was raining very hard.
(Letzte Nacht regnete es sehr heftig.)

Wie ein Filmausschnitt zeigt uns der Satz eine einzelne bewegte Szene, in die eine andere hineinkommen kann. Normalerweise geschieht noch etwas anderes in der Zeit, in der es regnet.

Etwa wie:

Last night, it was raining very hard when Jonathan heard the sound of breaking glass.
(Letzte Nacht regnete es sehr heftig, als Jonathan das Geräusch von zersplitterndem Glas hörte.)
Die bezugnehmende Zeit, in der Jonathan das Geräusch hört, war letzte Nacht. Da regnete es immer noch.

Der Regen letzte Nacht bietet den zeitlich begrenzten Rahmen. In diesem Zeitraum hörte Jonathan das Glas zersplittern.

Der Ausschnitt, den die Past Continuous Tense beschreibt, ist damit abgeschlossen. Was danach geschah, musst du dir schon selber im Kino ansehen gehen. Ich will dir schließlich nicht alles verraten, wo bliebe da noch die Spannung?

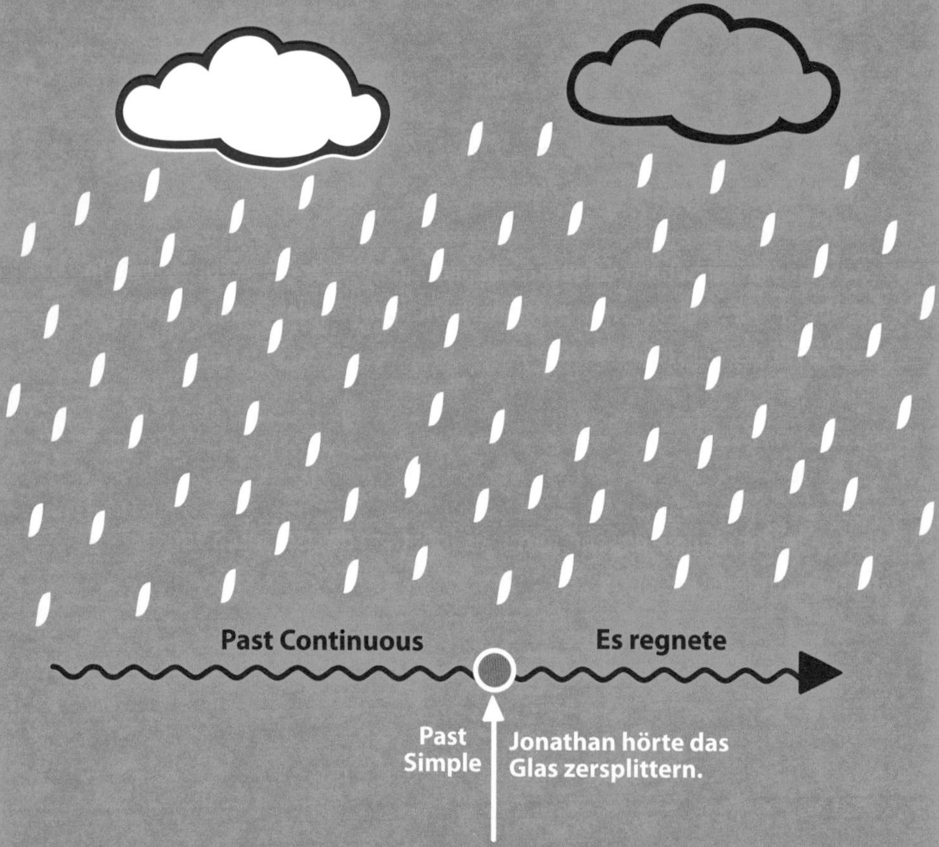

Und wieder mal ein hübsches Beispiel, das dir das Verständnis leichter macht:

Yesterday,
someone knocked at the door
while Natalie was having a shower.
(Gestern klopfte jemand an die Türe,
während Natalie gerade duschte.)

Das Duschen ist eine vorübergehende Aktivität (temporary), die eine Weile dauert (duration) und in der bezugnehmenden Zeit (gestern) noch nicht abgeschlossen ist (unfinished).

Dadurch, dass das Duschen einen Zeitabschnitt beschreibt, kann etwas anderes (das Klopfen an der Türe) hinzukommen.

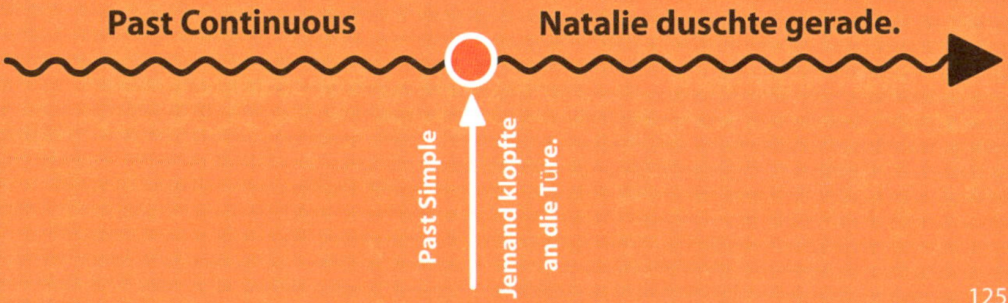

Magdalena was having breakfast when Ingrid entered the room.
(Magdalena frühstückte gerade, als Ingrid ins Zimmer kam.)

Frühstücken ist kein unendliches Ereignis. (Temporary)
Ein gutes Frühstück braucht seine Zeit. (Duration)
In der beschriebenen Zeit ist Magdalena noch nicht fertig mit frühstücken. (Unfinished)
Die beschriebene Zeit handelt in der Vergangenheit. (Past)
„Magdalena was having breakfast" ist die Rahmenszene. Vor ihrem Hintergrund kann Ingrid in die Frühstückszene hineinkommen.
„Magdalena was having breakfast" ist die Past Continuous Tense.
Ingrids Eintreten in diese Szene geschieht in der Past Simple Tense.

I don't like coffee. Yuk! Yuk!

(Ich kann Kaffee nicht ausstehen. Pfui! Pfui!)

Yesterday, while Jonathan was making coffee for Isabel, she suddenly yelled:

„I don't like coffee. Yuk! Yuk!"

(Als Jonathan gestern Kaffee für Isabel kochte, rief sie plötzlich : „Ich kann Kaffee nicht ausstehen. Pfui! Pfui!")

Isabels Aufschrei ist in der Past Simple Tense und geschieht in dem Zeitraum, in dem Jonathan für Isabel Kaffee kochte. (Past Continuous)

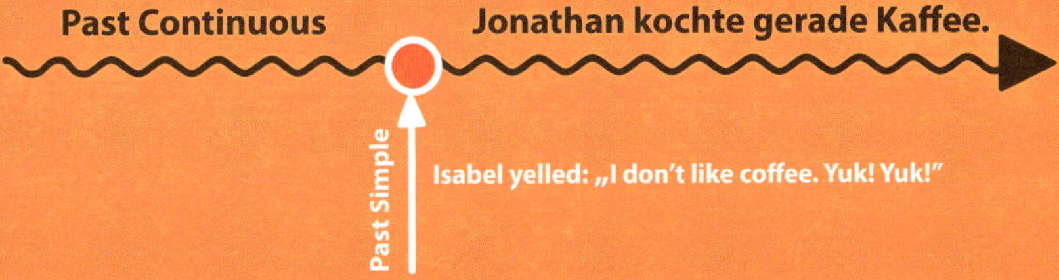

Wenn man die Past Continuous nutzt, um andere Situationen in einen vergangenen, abgeschlossenen Zeitraum eintreten zu lassen, kann es durchaus auch sein, dass nicht nur eine, sondern mehrere Ereignisse eintreten.

Das verdeutlicht das nächste Beispiel:

Unsere hübsche Magdalena ist so talentiert! Sie ist nicht nur eine hervorragende Tänzerin, sie ist außerdem unglaublich sprachbegabt und zusätzlich ist sie eine begnadete Violinenspielerin. Was für ein Mädchen!

Auf dem Bild spielt sie gerade für den Büffel „Gänseblümchen" liebliche Töne auf ihrer Violine.

Wollen wir diese Geschichte jemandem in der Vergangenheitsform erzählen, da sie ja in der Vergangenheit spielt, könnte sie so lauten:

Yesterday, Magdalena <u>played</u> the violin for Gänseblümchen, the buffalo.
(Gestern spielte Magdalena für den Büffel Gänseblümchen auf der Violine.)

So erzählt man eine einzelne vergangene Situation. Ganz im Stile der Past Simple Tense: Zack! Und Ende!

Keine weiteren Einzelheiten oder Ausschweifungen.

Jetzt lass es uns noch einmal neu versuchen. Wieder spielt Magdalena für Gänseblümchen auf der Violine. Aber diesmal geschieht währenddessen einiges mehr.

Magdalenas Violinenspiel fand gestern statt und es dauerte eine Weile. Dies entspricht dem Charakter der Past Continuous und deshalb nutzen wir sie auch, das Geschehene zu berichten.

Es folgt also unser Eröffnungssatz im Past Continuous:

While Magdalena was playing the violin for Gänseblümchen …
(Während Magdalena für Gänseblümchen auf der Geige spielte …)

Dann mischen sich in diese Situation in Past Simple Tense plötzlich einzelne Ereignisse ein.

Etwa wie:

While Magdalena was playing the violin for Gänseblümchen, the buffalo smiled, then sighed, then cried sadly and finally fell asleep.

(Während Magdalena für Gänseblümchen auf der Violine spielte, lächelte der Büffel, seufzte, weinte gerührt und fiel in den Schlaf.)

smile sigh cry fall asleep	smiled sighed cried fell asleep	smiled sighed cried fallen asleep	(lächeln) (seufzen) (weinen) (in den Schlaf fallen)

Zum besseren Verständnis sieh dir das nächste Bild an.

While Magdalena was playing the violin for Gänseblümchen,

(Während Magdalena für Gänseblümchen Violine spielte,)

Siehst du, wie das Violinenspiel eine Rahmensituation für andere Ereignisse ist, die währenddessen geschehen?

Der Büffel Gänseblümchen lächelte, seufzte, weinte gerührt und fiel in den Schlaf.

Pst ..., lass dem Büffel seine wohlverdiente Ruhe, störe ihn bitte nicht im Schlaf.

Zurück zur Grammatik der Past Continuous Tense.

Wir kommen zur nächsten Stufe.

Eine Natur der Continuous Tense ist die Eigenschaft, in ihre Dauer andere Geschehnisse einfließen zu lassen, ihnen einen zeitlichen Rahmen anzubieten, in denen sie geschehen können.

Aber es gibt noch eine weitere Eigenschaft, nämlich die, dass das Ereignis in der beschriebenen Zeit noch nicht beendet ist. Diese Eigenschaft kann auch dazu genutzt werden, den weiteren, unerwarteten Verlauf eines Ereignisses zu beschreiben.

Das klingt jetzt furchtbar kompliziert, aber keine Sorge, hinter dem schwierigsten Anschein verbirgt sich meist etwas ganz Simples. Schau her:

Diese Szene spielte sich gestern in der Kölner Sportarena ab. Als Natalie die Arena betrat, waren die Kämpfer im Ring in einen unerbittlichen Kampf verstrickt.

They were fighting, Ali was winning.

(Sie kämpften gerade. Ali war im Begriff zu gewinnen.)

Sie kämpften gerade. Ali (rote Ecke) war im Begriff zu gewinnen.

(Zu diesem Zeitpunkt war der Kampf noch in vollem Gange. Zum Glockenschlag in der Finalrunde könnte sich das Blatt noch wenden und Ali könnte als Verlierer aus dem Ring gehen.)

Der Boxkampf ist ein zeitlich begrenztes Geschehen. Der Kampf dauerte eine Weile und als Natalie gestern das Stadion betrat, war er noch nicht vorbei, die beiden waren noch nicht am Ende. Der Boxkampf fand gestern statt.

Du siehst, es liegt in der Natur des noch-nicht-Beendeten, dass auch ein Wechsel der erwarteten Situation eintreten könnte.

Jordan (der Boxer in der blauen Ecke) könnte anstelle des erwarteten Sieges von Ali als Gewinner aus dem Ring gehen.

Wie ging die Geschichte weiter?

When Natalie came into the Cologne Stadium, they were fighting. Ali was winning. But when the fight came to an end, Jordan won.

(Als Natalie das Kölner Sportstadion betrat, war der Kampf noch im Gange. Ali war im Begriff zu gewinnen. Doch zu guter Letzt gewann Jordan den Kampf.)

Dies ist der Teil der Past Continuous Tense, der den unerwarteten Wechsel einer zuvor erwarteten Situation ermöglicht. Dies nennen wir Wandel.

At the end of the first half, Brasil was leading, but when the game finished, Germany won 2 : 1.

(Am Ende der ersten Halbzeit führte Brasilien. Aber am Spielende gewann Deutschland 2 : 1)

Können wir mit diesem aufbauenden und Mut machenden Beispiel an dieser Stelle enden?

Reicht es?

Nicht ganz. Die vollständige Past Continuous Funktion ist noch nicht ganz erklärt.

Es gibt noch eine Möglichkeit, bei der diese Tense angewandt werden kann: Nämlich, wenn zwei Ereignisse zur gleichen Zeit geschehen. Ungefähr so:

While the Princess „Past Continuous" was drinking cappuccino in the café at the Rhein riverbank, the seven dwarves were making music.

(Während die Prinzessin „Past Continuous" im Café am Rheinufer einen Cappuccino trank, musizierten die sieben Zwerge.)

Dies ist ein schönes und klares Beispiel dafür, wie man die Past Continuous Tense zweifach benutzen kann. Die Ereignisse geschahen zur gleichen Zeit und beide erfüllen die Ansprüche der Past Continuous, nämlich: temporary, duration und unfinished. (Du erinnerst dich: T.D.U.)

Das Cappuccino-Trinken der Prinzessin und das Musizieren der sieben Zwerge waren beide vorübergehend. Sie machen das nicht ewig. Das Trinken und das Musizieren brauchen eine Weile. Es geschieht nicht in einem Augenblick. In der beschriebenen Zeit (in der Vergangenheit) trank die Prinzessin und die sieben Zwerge musizierten zur gleichen Zeit, und sie waren noch nicht fertig.

Princess „Past Continuous" was drinking cappuccino.

Past Continuous

The seven dwarves were making music.

Past Continuous

Ein letztes Beispiel für eine Situation, in der zwei Ereignisse gleichzeitig geschehen:

Das folgende Bild zeigt Ingrid und Charly, ihren heiß geliebten Affen.

While Ingrid was speaking, Charly was sleeping.

(Während Ingrid sprach, schlief Charly.)

Wir wissen nicht, was Ingrid gesprochen hat, dass Charly davon einschlafen konnte und das tut jetzt auch nichts zur Sache. Wir konzentrieren uns nur auf den Satz. Der sagt uns, dass diese beiden Ereignisse zur gleichen Zeit geschahen.

Das darfst du dir wieder kräftig hinter die Ohren schreiben:

Die Past Continuous Tense erzählt eine Geschichte in der Vergangenheit.

Dabei bietet sie den zeitlichen Rahmen für eine oder mehrere Situationen, die in dieser Zeit geschehen.

Die Past Continuous Tense gestattet den unerwarteten Wandel einer zuvor erwarteten Situation.

Mit ihr kann man zwei Ereignisse, die zur gleichen Zeit geschehen, beschreiben.

Hoppla, das war schon alles? So einfach ist das?

Na gut, dann rüsten wir uns für die nächste Tense. Darf ich bitten! Es wird Zeit für die Future Continuous Tense.

DIE FUTURE CONTINUOUS TENSE

Name : Future Continuous Tense
Aussehen : Subject + will + be + V-ing

Anwendungsbeispiel :

I will be working when she comes home tonight.

(Ich werde arbeiten, wenn sie heute Abend heim kommt.)

An dem Wort „Future“ erkennen wir augenblicklich, dass es ein „will“ beinhaltet und nach dem „will“ ein Infinitiv stehen muss.

Und das Wort „Continuous“ verrät sofort, dass nach dem „be“ das eigentliche Verb mit der Endung „ing“ folgt.

Diese Verknüpfungen fallen uns jetzt schon reflexartig ein, da sie den altbekannten inneren Naturen der jeweiligen Tenses entsprechen. Bringen wir diese beiden Wissensteile also zusammen, sieht die Sache folgendermaßen aus:

will + V (infinitive) ← Future

↓

be + V - ing ← Continuous

↓

will + be + V - ing ← Future Continuous

Sieh dir die Struktur der Tenses genau an: Das „be“ erfüllt seine Aufgabe in zweifacher Form:

Als Infinitiv für die Zukunftsform, und

als „to be“ für die Continuous-Form.

Die Basis dieser Tenses ist nichts Neues. Die drei Eigenschaften der Continuous werden genauso erfüllt wie in den beiden vorhergehenden Tenses.

Der einzige Unterschied besteht darin, dass die bezugnehmende Zeit (time under consideration) in der Zukunft liegt, sonst nichts.

Schau dir bitte das Beispiel dazu an:

Tomorrow, from 10 to 11 o'clock, I will be working.
Please do not come during that time.
(Morgen werde ich von 10 bis 11 Uhr arbeiten. Bitte komm nicht in dieser Zeit.)

1. Meine Arbeit morgen ist vorübergehend. (Temporary)

2. Meine Arbeit nimmt eine gewisse Dauer in Anspruch. (Duration)

3. Meine Arbeit ist morgen in der Zeit zwischen 10 und 11 noch nicht beendet. (Unfinished)

4. Die Zeit morgen zwischen 10 und 11 Uhr liegt in der Zukunft. (Future)

Bei der Anwendung der Future Continuous Tense nutzen wir all unser bisheriges Wissen über ihre Natur.

Wir lassen eine einzelne Situation (hier: to come) in eine andere Situation, die den Anforderungen der Continunous Tense gerecht wird (hier: working), hineinkommen.

Das nächste Beispiel ist ganz ähnlich, nur die Situation ist eine andere. Aber das Verb bleibt dem inneren Charakter der Future Continuous gerecht.

Please do not come at 2 pm. tomorrow,
because Fabian <u>will be attending</u> the English class then.
(Bitte komm morgen nicht um zwei Uhr, weil Fabian dann in seinem Englischkurs sein wird.)

Der Unterricht ist vorübergehend. (Temporary)

Der Unterricht dauert eine gewisse Zeit. (Duration)

Morgen wird Fabian um 2 Uhr noch im Unterricht sein. (Unfinished)

Die bezugnehmende Zeit (tomorrow) liegt noch in der Zukunft. (Future)

Ich will noch einmal auf das vorherige Beispiel mit Ingrid und Charly zurückgreifen. Jetzt findet das Ereignis in der Gegenwart statt. Wenn wir hinzu kommen, sehen wir gerade Ingrid sprechen, während Charly schläft.

Wie lautet die mögliche Antwort auf die Frage?

Will Charly still be sleeping by the time Ingrid stops speaking with him?

Wird Charly noch schlafen, wenn Ingrid aufhört, auf ihn einzureden?

Yes, I'm sure that Charly <u>will be sleeping</u> for a while.

(Ja, ich bin sicher, dass Charly noch eine Weile schlafen wird.)

(Ich kenne die Antwort darauf, weil ich weiß, wie gerne der freche Kerl schläft.)

1. Charlys Schlaf ist vorübergehend. (Temporary)
2. Sein Schlaf dauert eine Weile. (Duration)
3. Und wenn Ingrid endlich schweigt, wird Charly immer noch nicht aufgewacht sein. (Unfinished)
4. Die bezugnehmende Zeit (wenn sie endlich aufhört zu reden) liegt in der Zukunft. (Future)

Jetzt lass uns mal die Frage nach deinen Englisch-Studien näher unter die Lupe nehmen:

Will you be studying English with Jonathan next year?
(Wirst du nächstes Jahr noch mit Jonathan Englisch lernen?)

1. Das Englischlernen mit Jonathan ist vorübergehend. (So sehr es auch Spaß macht.) (Temporary)
2. Das Studieren braucht eine Weile und sieht ganz schön anstrengend aus. (Duration)
3. Und nächstes Jahr wird dein Lernen mit Jonathan noch nicht beendet sein, nicht wahr? (Unfinished)
4. Wenn du die nähere Bedeutung des Begriffes „nächstes Jahr“ kennst, brauchen wir nicht darüber zu streiten, dass es sich dabei nur um einen Zeitpunkt in der Zukunft handeln kann. (Future)

Da du offensichtlich alles darüber begriffen hast, kann ich dir über diese Tense nichts Neues mehr berichten. Also ...

Tschüss!

Grammatikmärchen (Perfect Tense)

Kehren wir zur Erinnerung noch einmal zu unserem König Tense mit seinen vier Kammern in seinem Herzen zurück. Diese Kammern teilt er auf seine vier geliebten Königinnen auf. Jede von ihnen gebiert ihm drei Töchter. Seine 12 Töchter nennt er zärtlich: „die 12 Prinzessinnen". Ihre lieblichen Namen sind sehr leicht zu erinnern, sobald du dabei die Namen ihrer Mütter als Hinweis nimmst.

Die erste Frau hieß: Simple.

Sie hatte 3 Töchterlein:

Past Simple, Present Simple und Future Simple.

Die zweite Frau hieß: Continuous.

Auch sie hatte 3 Töchterlein:

Past Continuous, Present Continuous und Future Continuous.

Die dritte Frau hörte auf den Namen: Perfect.

Ihre drei Töchter hießen:

Past Perfect, Present Perfect and Future Perfect.

Der Name der vierten Frau war: Perfect Continuous.

Deren Prinzessinnen trugen die Namen:

Past Perfect Continuous, Present Perfect Continuous und Future Perfect Continuous.

Die drei Töchterlein von Königin Simple sind uns bereits wohl vertraut.

Ebenso die drei der Königin Continuous.

Die dritte Königin, die„Königin Perfekt“, zeichnet sich durch ihre innere Ruhe aus. Gemächlich richtet sie ihren Blick nicht auf den Prozess oder die Handlung, sondern auf das am Ende entstandene, fertige Ergebnis.

Ihre Zeit ist der Herbst, die Zeit, wenn in der Natur das Ergebnis der vergangenen Jahreszeiten zu sehen, zu greifen, zu schmecken ist und die reifen Früchte geerntet werden können. Sie blickt zurück auf das, was vorher war.

Ein jeder der Familie„ Perfect” hat das gleiche Gebahren.

Sie alle glauben fest an die Kraft der Bestimmung.

„Gäbe es kein Gestern, so wäre auch kein Heute.“

Alles was ist, ist das Ergebnis der Vergangenheit.

Die erste Tochter, Past Perfect, schwelgt in den Beschreibungen der Vorvergangenheit.

Present Perfect, die zweite Tochter, fasst das vorangegangene Ereignis, das die Gegenwart bedingt, ins Auge.

Future Perfect, die jüngste Tochter, sinnt über das Zukünftige.

„Ach, was wird wohl morgen sein, wenn ich heute dies oder das tue?"

Hören wir sie, die Geschichte der Familie Perfect.

Die Natur der Perfect Tense

Die Tenses dieser Gruppe haben andere Eigenschaften als die Simple und die Continuous Tenses. Sie unterscheiden sich von den anderen durch die Blickrichtung. Der Blickwinkel der Perfect Tense ist auf das Ende und auf das Ergebnis eines Ereignisses gerichtet.

Bitte merke dir, dass die Perfect Tenses uns mehr zeitliche Informationen darüber geben, was vor und was nach dem betreffenden Ereignis stattfand. Sie sagen aus, wie das Geschehene mit dem Jetzt oder mit der bezugnehmenden Zeit in Verbindung steht.

Nimm dir wieder einen Augenblick Zeit dafür, dich zu entspannen. Jetzt werde ich dir die drei anderen bedeutenden Tenses näher bringen. Vielleicht bekommst du zunächst einmal einen Schrecken, weil sie dir kompliziert erscheinen. Aber wenn du die drei Perfect Tense-Prinzessinnen näher kennen gelernt und ihre innere Natur begriffen und verinnerlicht hast, wirst du die neuen noch mehr lieben, als die zwei anderen Prinzessinnen-Gruppen.

Die Bedingungen der Perfect Tenses sind sehr kurz, bündig und leicht zu verstehen. Hast du sie erst einmal begriffen und weißt, wie und wann du sie anwenden kannst, werden sie dir zu einem sehr schicken und profihaften Englisch verhelfen. Du wirst damit Eindruck schinden können! Hast du Lust darauf? Dann hör jetzt gut zu:

Alle drei Tenses dieser Gruppe teilen sich nach der aufgetretenen Zeit ein.

Past	Present	Future
Perfect	Perfect	Perfect

Alle drei dieser Tenses tragen die Eigenschaften des „Perfect". Wenn du die Haupteigenschaft des Perfect verstanden hast, wirst du keine Probleme damit haben.

Die Bedeutung des „Perfect"

Sehen wir uns die Bedeutung des Perfect einmal genauer an. Im Englischen und auch in der deutschen Umgangssprache bringen wir dieses Wort zunächst mit „hervorragend" oder „grandios" oder „ohne jeden Fehler" in Verbindung.

Zum Beispiel:

It's perfect. You're so brilliant.
(Das ist perfekt. Du bist so brilliant.)

Hiermit möchte ich dir mitteilen, dass diese Übersetzung uns die tiefere Bedeutung der Perfect Tenses nicht näher bringt. Im Gegenteil, sie schafft Verwirrung und Unklarheit.

Von nun an heißt „perfect" also nicht mehr perfekt im bisher gemeinten Sinne für uns, sondern das Wörtchen teilt uns in Verbindung mit den Tenses mit, dass ein Umstand abgeschlossen ist! Es ist vorbei, schon geschehen. Und dabei ist es völlig gleichgültig, ob das Geschehene gut oder schlecht war. Darüber wird durch das Wort nichts ausgesagt.

Dies kannst du auch an der Ableitung des lateinischen Namens „perfect" nachvollziehen (perfectus = vollendet, von perficere = vollenden, was sich aus per (völlig, ganz) + ficere (zu 'facere' machen zusammensetzt).

Denkst du, du kannst dich von der herkömmlichen Bedeutung lösen, damit du es mit diesen Tenses in Zukunft leichter haben wirst?

Also, die Situation der Perfect Tense ist eine abgeschlossene Aktion, die sich auf die zugeordnete Zeit bezieht. Zum Beispiel:

I have painted this picture by myself. Look, how nice it is!

(Ich habe das Bild selbst gemalt. Schau, wie schön es geworden ist!

Die Tätigkeit des Malens ist beendet. Ich habe das Bild fertig gemalt und jetzt kann ich das Ergebnis sehen.

Der Umstand des Satzes begann vorher und jetzt haben wir das daraus resultierende Ergebnis vor uns.

Behalte also bitte: Das Wort „Perfect" im Zusammenhang mit den Tenses bedeutet, dass etwas schon geschehen ist. Es ist schon vor einer gewissen Zeit passiert.

Das ist die erste wichtige Eigenschaft der Perfect Tense.

Na, was ist denn da anders als beim Past Simple? Wo ist denn da der Unterschied?

Denn normalerweise handelt es sich beim Past Simple ja auch um eine Situation, die schon geschehen ist. Also der Unterschied erklärt sich aus dem zweiten inneren Charakter, der Perfect Tenses. Und dieser ist folgender:

Das Ereignis oder die Situation hat immer einen direkten Bezug zur zugeordneten Zeit, was beim Past Simple nicht der Fall ist.

Wir können also festhalten, dass alle „Perfect Tenses" als innere Naturen zwei Dinge haben müssen:

1. Der Sprecher blickt immer auf ein bereits abgeschlossenes Ereignis, auf eine vorangegangene Zeit zurück.

2. Das abgeschlossene Ereignis hat immer einen direkten Bezug zur zugeordneten Zeit.

Im Falle der „Present Perfect Tense" ist die Gegenwart die zugeordnete Zeit.
Im Falle der „Past Perfect Tense", die Vergangenheit.
Im Falle der „Future Perfect Tense", die Zukunft.

Um diese goldenen Regeln nie mehr zu vergessen, präge dir dafür dieses Perfect-Symbol ein:

Dies ist die entscheidende Natur, die uns beim Sprechen die Perfect Tense bestimmen lässt. Das werden wir noch besser verstehen, wenn wir uns jede einzelne Tense näher betrachten.

Dabei beginnen wir mit der Present Perfect Tense, weil die Anwendung und ihr Verständnis am leichtesten sind. Aber wenn du den Hintergrund bei ihr verstanden hast, dann werden dir die anderen auch nicht mehr schwer fallen. Sobald du verstanden hast, wie du die Present Perfect Tense anwenden kannst, wirst du auch die Past Perfect und die Future Perfect spielend anwenden können.

Öffne beim Weiterlesen dein Herz voller Vorfreude und du wirst sehen, wie leicht es dir fällt.

DIE PRESENT PERFECT TENSE

Name : Present Perfect Tense
Aussehen : Subject + has/have + V3

Anwendungsbeispiel :

Ob in Deutschland, Frankreich, Thailand, China oder Russland, überall in der Welt sind sich die Menschen darüber einig, dass die Perfect Tenses die schwierigsten von allen sind. Neben dem veränderten Satzbau: Subjekt, gefolgt von has/have plus Verb 3, muss man eben noch dieses Verb 3, die veränderte Form des Verbs, können. Das kann uns schon ganz schön Kopfschmerzen bereiten.

Letztlich ist auch das gar nicht so schwierig, wenn du dir ein bisschen Zeit dafür nimmst, die zeitlich veränderten Verben im Anhang des Buches noch einmal zu wiederholen. Du kennst sie ja vermutlich alle schon und musst dir sie nur noch einmal neu ins Gedächtnis rufen. Sie verhelfen dir zu einem freien Gebrauch der englischen Sprache. Wenn du sie gut beherrschst, wird dir auch die Anwendung der Perfect Tense sehr leicht fallen, weil Verb 3 bei allen immer völlig unverändert bleibt. Du lernst sie also gleich für alle drei Perfect Tenses zusammen. Es ist lediglich das „has" und das „have", welches sich verändert. Und das zu können ist nun wirklich gar nicht schwer:

Lautet das Subjekt: he, she, it, Isabel oder Jonathan verwenden wir „has".

Bei I, we, they, you, grandfather and grandmother (Man kann auch noch Onkel und Tante zu diesem Beispiel dazu nehmen. Wichtig ist, es muss mehr als eine Person sein) verwenden wir „have".

Auch das sollte uns leicht fallen.

Die einzige Schwierigkeit besteht jetzt noch darin, zu wissen, wann und in welcher Situation wir welche Tense-Form benutzen. Ihre Anwendung erscheint so schwierig.

Und wenn die Schwierigkeit ihrer Anwendung (wir gehen zumindest jetzt noch davon aus, dass es schwierig ist) viele dazu bringt zu kapitulieren und das Vorhaben, korrekt und kunstvoll Englisch sprechen zu können, an den Nagel zu hängen, na, dann scheint sich ein gefürchteter Feind dahinter zu verbergen!

Wenn du es versuchst, die Tenses anhand der alten trockenen Regeln zu beherrschen, wirst du vermutlich auch weiterhin verwirrt und desorientiert bleiben. Setzt du aber jetzt dein baldiges Wissen über die inneren Charaktere der Tenses ein, glaube mir, dann kannst du sie in Zukunft wie ein Spielzeug benutzen.

Lass uns gemeinsam das Bild mit der wunderschönen Magdalena betrachten. Das Bild hilft dir, die Present Perfect Tense leichter zu verstehen.

Du siehst, dass Magdalena auf ihr bisheriges Leben zurückblickt. Ausgangspunkt dafür ist der Augenblick, in dem sie sich jetzt gerade befindet.

Die Natur oder der innere Charakter beinhaltet zwei wichtige Erscheinungsformen:

1. Wir blicken von diesem Augenblick auf das Ereignis in der Vergangenheit.

   und

2. Das Ereignis hat irgend eine Verbindung zum jetzigen Augenblick.

Lass uns zur Erklärung das Bild ansehen.

Magdalena has studied French in France and Italian in Italy. Now she speaks French and Italian fluently.

study | studied | studied

(Magdalena studierte Französisch in Frankreich und Italienisch in Italien. Jetzt spricht sie fließend Französisch und Italienisch.)

Die Verbform „has studied (has + V3) die aus der Present Perfect entspringt, sagt uns, dass das Studieren bereits vorbei ist. Es ist in der Vergangenheit passiert und hat einen Bezug zum jetzigen Standpunkt des Sprechers.

Die Französisch- und die Italienischstudien waren in der Vergangenheit, aber sie haben die Konsequenz, dass Magdalena jetzt beide Sprachen fließend beherrscht.

Ein Beispiel ist nicht genug. Ich stelle dir noch unterschiedliche Situationen vor, damit du es noch klarer verstehst.

Fabian has just finished his work.
He seems very tired.

(Fabian hat seine Arbeit gerade beendet. Er wirkt sehr müde.)

(Fabians Arbeit begann in der Vergangenheit und hat bis jetzt angedauert. Das Ergebnis ist, dass er jetzt müde davon ist.)

Ulrike has lived in Bonn since 2006.

(Ulrike lebt seit 2006 in Bonn.)

(Wenn wir jetzt darüber sprechen, lebt sie immer noch in Bonn, weil diese Tense einen Bezug zur Gegenwart hat. Das heißt, dass Ulrike bisher noch nicht irgendwo anders hingezogen ist.)

Jonathan has been sick for three days. He looks exhausted.

(Jonathan war drei Tage lang krank. Er sieht erschöpft aus.)

(An Jonathans erschöpftem Körper können wir ablesen, dass dies ein Resultat seiner gerade überstandenen Erkrankung ist.)

Fabian and Charly have been good friends for a long time.

(Fabian und Charly sind gute Freunde seit langer Zeit.)

(Dieser Satz informiert uns darüber, dass die beiden schon seit langem bis heute gute Freunde sind.)

Have you seen that movie yet, Natalie?

(Hast du diesen Film schon gesehen, Natalie?)

(Vielleicht ist der Grund für diese Frage eine Verbindung zur Gegenwart, wie etwa ein Austausch zu dem Film oder weil man denjenigen jetzt ins Kino einladen möchte.)

You have been kind to me, Natalie.

(Du bist sehr nett zu mir gewesen, Natalie.)

(Da du immer sehr nett zu mir gewesen bist, bin ich völlig verzaubert von dir und würde dir gerne mitteilen, dass ich dich aus ganzem Herzen liebe!)

How many books have you read so far, Elisa?

Wie viele Bücher hast du bisher gelesen, Elisa?

(Vielleicht wird ihr die Frage gestellt, weil sie so klug ist.)

I have read about 1000 books.

Ich habe ungefähr 1000 Bücher gelesen.

(Ich habe mit dem Lesen der Bücher in der Vergangenheit begonnen und mein letztes Buch vielleicht vor einem Jahr oder vor einem Monat beendet. Das ist nicht so wichtig. Wichtig ist, dass mein bisheriges Lesen eine Wirkung auf die Gegenwart hat.)

I have already showered.
(Ich habe schon geduscht.)

Gänseblümchen kommt gerade aus der kalten Dusche. Er fühlt sich angenehm erfrischt. Die kühlende Wirkung der Dusche hält noch an.

Where have you been for the last two days?

(Wo warst du die letzten zwei Tage?)

Das bedeutet, dass jemand zwei Tage verschwunden war und heute wieder zurückgekehrt ist. So kann man über die vergangene Zeit sprechen, die einen unmittelbaren Bezug zur Gegenwart hat.

I went to the beauty salon. I have had my hair cut. This hair-do is called „the autumn sunlight." Isn't the color beautiful?

Ich war im Schönheitssalon. Ich habe meine Haare schneiden lassen. Diese Frisur nennt sich „Herbstsonne". Ist die Haarfarbe nicht wundervoll?

This is the most beautiful woman I've ever seen.

(Das ist die hübscheste Frau, die ich jemals gesehen habe.)

Das heißt, dass ich schon sehr viele hübsche Frauen in der Vergangenheit gesehen habe, aber dass diese die allerhübscheste von allen ist. Vielleicht sollte ich mich trauen, sie einmal anzusprechen?

Reichen dir die Beispiele? Ich hoffe, dass es dir so möglich war, die Present Perfect Tense bis in die Wurzeln zu verstehen.

Wenn nicht, lass mich es mit der Past Simple Tense vergleichen, dann wird es noch deutlicher.

Dieser Vergleich bringt dir nicht nur die Present Perfect Tense noch näher, sondern auch die Past Simple Tense.

Grammatikmärchen

Present Perfect und Past Simple sind Halbschwestern.

Beide haben den gleichen Vater, aber unterschiedliche Mütter. Man sieht die beiden häufig gemeinsam, wobei Present Perfect, die jüngere von ihnen, aufgrund ihres guten Herzens der Past Simple fast immer anstandslos und bescheiden den Vortritt lässt.

Present Perfect steht normalerweise im Hintergrund von Past Simple.

Die Present Perfect liebt es, als Hintergrundszene der Past Simple zu agieren.

Weil die Natur der Present Perfect darin besteht, aus der Gegenwart in die Vergangenheit zu blicken, ist die bezugnehmende Zeit der Present Perfect automatisch die Gegenwart. Selbst wenn wir die bezugnehmende Zeit nicht erwähnen, erkennen wir an der Natur der Present Perfect, dass es sich hier um die Gegenwart handelt.

Aufgrund ihrer Natur wird der Present Perfect Satz häufig als Rahmensatz verwendet, um einen Zeitraum zu beschreiben, der an einem bestimmten Punkt in der Vergangenheit begann und der sich bis jetzt erstreckt.

In diesen Rahmensatz kann man in der Past Simple Tense weitere detaillierte Informationen oder Ereigenisse einfügen, die in diesem Zeitraum geschehen sind.

I have been abroad many times. I went to China in 1986. That was my first trip. It was a memorable experience. Then in 1990, I flew to California, U.S.A., and drove to Mexico by car in the same year. In 2000, I travelled through many countries in Europe, including Italy, France and Spain. On my last trip, I went to Egypt.

1986
went to China

1990
flew to California and drove to Mexico

„I have been abroad many times."

Dieser Eingangssatz (Present Perfect) macht deutlich, dass ich von der Vergangenheit bis jetzt viele Male im Ausland war.

(Ich war schon viele Male im Ausland. 1986 reiste ich nach China. Dies war meine erste Reise. Es war eine unvergessliche Erfahrung. Dann, im Jahre 1990, flog ich nach Californien, U.S.A. Und im selben Jahr fuhr ich mit dem Auto nach Mexiko. Im Jahr 2000 reiste ich durch viele europäische Länder wie Italien, Frankreich und Spanien. Meine letzte Reise brachte mich nach Ägypten.)

In den nächsten Sätzen folgen die Einzelheiten aller Reisen (Past Simple), die ich in diesem Zeitraum gemacht habe.

Ein weiteres Beispiel:

Natalie reiste nach Thailand. Morgens zog sie mit einer Gruppe zu einer Tour los. Am Abend um 6 Uhr kehrte sie zurück. Als sie zurückkam, fragte sie ihre Freundin Paula, die in der Hotellobby auf sie wartete:

„What **have** you **done** today?" (Was hast du heute gemacht?)

Natalie antwortete ihr darauf:

I woke up at six o'clock,

had breakfast at seven.

The guide took me to the elephant camp.

I woke up at six o'clock. I had breakfast at seven and left the hotel. The guide took me to the elephant camp. I did an elephant safari, riding the elephant through the jungle . After that we went to the handicraft center and I bought a lot of souvenirs. Look, what I have got. Yoohoo!

(Ich bin heute um 6 Uhr morgens aufgewacht. Um 7 Uhr frühstückte ich und verlies das Hotel. Der Reiseführer brachte mich zum Elefantencamp. Ich habe eine Safari auf dem Rücken eines Elefanten gemacht. Dann gingen wir zum Handarbeitzentrum und ich kaufte viele Souvenirs. Schau mal, was ich habe. Yuhu!)

I did an elephant safari, and bought a lot of souvenirs.

In dieser Situation machte der Eingangssatz von Natalie „I have done many things today." (Present Perfect) klar, dass es sich um den Zeitraum von heute Morgen bis jetzt handelt und dass sie in diesem Zeitraum viel gemacht hat. In den folgenden Sätzen beschreibt sie die Einzelheiten, die sie gemacht hat. (Past Simple)

Am vorangegangen Beispiel kannst du erkennen, dass alle Sätze (im Past Simple und im Present Perfect) über ein vergangenes Ereignis berichten.

Der Unterschied ist, dass es sich bei der **Past Simple** um ein in sich abgeschlossenes Ereignis handelt, das kein anderes Ereignis hereinkommen lässt. Wie der Schlag einer Faust!

Die **Present Perfect** hingegen beschreibt einen Zeitabschnitt, der sich von der Vergangenheit zur Gegenwart erstreckt. Die Past Simple hat die Möglichkeit, hier hineinzutreten.

Merke: Die Paarbildung dieser zwei Tenses (Present Perfect und Past Simple) sind ähnlich wie die Paarbildung der Past Continuous und Past Simple, die zuvor beschrieben wurden.

Der Unterschied ist, dass es bei der Paarbildung von **Present Perfect und Past Simple** irgendeinen Bezug zur Gegenwart gibt.

Aber bei der Paarbildung von **Past Continuous und Past Simple** sind beide Ereignisse in der Vergangenheit geschehen und abgeschlossen. Sie haben keinen Bezug oder keine Verbindung zur Gegenwart.

Schau dir die Bilder noch mal an :

Dies ist die Paarbildung von **Past Continuous und Past Simple**.
Ich hoffe, du erinnerst dich.

While Magdalena was playing the violin for Gänseblümchen,
(Während Magdalena für Gänseblümchen Violine spielte,)

the buffalo smiled
(lächelte der Büffel)

then cried sadly
(dann weinte er gerührt)

then sighed
(dann seufzte er)

and finally fell asleep.
(und fiel schließlich in Schlaf.)

Wenn dies gesprochen wird, sind alle Ereignisse in der Vergangenheit bereits abgeschlossen. Man erzählt von einer vergangenen Sache, die keinen Bezug zur Gegenwart hat. Der Sprecher hat die Empfindung, dass das Ereignis schon weit zurück liegt.

Und dies ist die Paarbildung von Present Perfect und Past Simple.
(Bitte vergleiche es mit dem vorherigen Bild.)

Obwohl alles schon vorbei ist, hat das Erlebte noch eine Wirkung auf das Empfinden der Erzählerin. Sie ist noch ganz im Fieber des Erlebten oder möchte jemanden, der keine Möglichkeit hat, solch eine Tour zu machen, in ihrer Begeisterung mitreißen.

DIE PAST PERFECT TENSE

Name : **Past Perfect Tense**
Aussehen : **Subject + had + V3**

Anwendungsbeispiel :

By the time I went home, I had finished my work.

(Als ich nach Hause ging, hatte ich meine Arbeit beendet.)

Ihr Namensteil „Perfect" verrät uns, dass diese Tense aus dem Verb „to have" + Verb 3 besteht.

Der Namensteil „Past" hat das verwendete Verb „to have" in die Verbform 2 (V2), also in „had" verwandelt.

Da wir jetzt ihren Namen und ihr Erscheinungsbild kennen, wird es höchste Zeit, uns mit ihrer inneren Natur zu beschäftigen, damit wir sie bis in ihre Wurzeln verstehen.

Zunächst müssen wir festhalten, dass sie selbstverständlich alle typischen Eigenschaften der Perfect Tense besitzt. Noch einmal zur Erinnerung.

Diese lauten:

1. Sie blickt zurück in die Vergangenheit auf ein vorangegangenes Ereignis.

**2. Das Ereignis hat einen Bezug zu einer bestimmten Zeit.
(time of reference)
(In diesem Fall zum bestimmten Punkt in der Vergangenheit.)**

Von der staubigen Erklärung weg zum lebendigen Beispiel. Dann verstehst du das zuvor Gesagte sofort.

Magdalena met her boyfriend 4 years ago after she had finished her studies in France.
(Magdalena traf ihren Freund vor 4 Jahren, nachdem sie ihr Studium in Frankreich beendet hatte.)

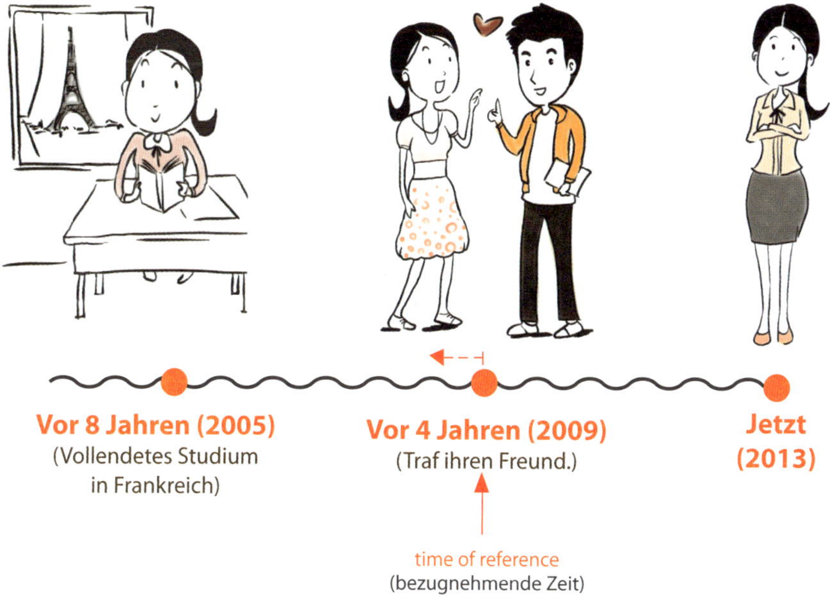

Das Studium in Frankreich ist das erste Ereignis, das dann die Folge hatte, dass Magdalena ihren Freund Jahre später kennen lernte. Ohne ihr Studium in Frankreich hätte sie ihren Freund nicht kennen gelernt.

Auf dem oben dargestellten Bild ist die Zeit, auf die wir uns beziehen, die Vergangenheit (vor 4 Jahren), als Magdalena ihren Julian kennen lernte.

Also muss das vorangegangene Ereignis, das die Vorgeschichte für das Zusammentreffen der beiden ist, noch weiter in der Vergangenheit liegen.

Und noch mehr Beispiele dazu:

Isabel was late yesterday because she had missed the bus.

(Isabel war gestern zu spät, weil sie den Bus verpasst hatte.)

(Nur weil sie den Bus verpasste, war sie zu spät. Sonst ist sie immer pünktlich.)

By the time Magdalena went to bed, she had finished her work.

(Als Magdalena zu Bett ging, hatte sie ihre Arbeit schon beendet.)

(Die Zeit, als Magdalena zu Bett ging, liegt in der Vergangenheit. Aber ihre Arbeit war noch davor, also noch mehr in der Vergangenheit.)

How long had Jonathan lived in Los Angeles before he came to Cologne?

(Wie lang hat Jonathan in Los Angeles gelebt, bevor er nach Köln kam?)

(Für den echten Kölner zählt nur die Tatsache, dass er jetzt hier in Köln ist. Aber für den Grammatikinteressierten ist die Zeit davor wichtig.)

Natalie went to bed after she had watched television.

(Natalie ging zu Bett, nachdem sie ferngesehen hatte.)

(Wäre der Film davor nicht so verflixt spannend gewesen, dann hätte sie sicherlich mehr Schlaf abbekommen, aber dann hätte das Beispiel hier nicht hingepasst.)

Halte bitte fest, dass die Hauptaufgabe der Past Perfect Tense darin besteht, eine Geschichte aus der Vergangenheit zu berichten, der eine andere Geschichte in der davor liegenden Vergangenheit vorausgegangen ist. Beide Ereignisse geschahen in der Vergangenheit und sind schon abgeschlossen.

In diesem Fall gehören beide, das „Past Perfect" und das „Past Simple", normalerweise zusammen.

Das war es schon zu dieser Tense. Einfach, nicht? Und das Schönste ist, dass bei der nächsten Tense, die du kennen lernen wirst, fast alles das Gleiche ist. Alles findet lediglich in der Zukunft statt.

DIE FUTURE PERFECT TENSE

Name : Future Perfect Tense
Aussehen : Subject + will + have + V3

Anwendungsbeispiel :

I will have gone by the time you arrive home tomorrow.
(Ich werde morgen fort sein, wenn du heimkommst.)

Da diese Tense den Beinamen „Future" trägt, wird der Satz mit hundertprozentiger Sicherheit das Wörtchen „will" beinhalten.

Und wegen des Beinamens „Perfect" wird in dem Satz mit Sicherheit das Verb „to have" und die Verbform 3 (V3) zu finden sein.

Wir verknüpfen also die „Future" mit dem „Perfect".

Das kommt dabei heraus:

will + V (infinitive)	←	Future
↓		
have + V3	←	Perfect
↓		
will + have + V3	←	Future Perfect

Beachte bitte, dass das „have" in diesem Fall zwei Aufgaben gleichzeitig zu erfüllen hat. Im Infinitiv repräsentiert es das unkonjugierte Verb für die „Future" und im Verb „to have" steht es für das „Perfect".

Name und Erscheinungsbild dieser Tense sind damit schon beendet.

Kein Problem! Aber in welchen Situationen, um Himmels Willen, wendet man diese Tense an?

Lass uns dazu wieder einmal den inneren Charakter der Tense näher unter die Lupe nehmen:

Weil es bei dieser Tense einen Mix aus Perfect und Future gibt, müssen wir die Geschichte aus der Blickrichtung in der Zukunft betrachten.

Die Geschichte spielt sich zwar in der Zukunft ab, aber sie blickt dabei auf ein Ereignis, das zuvor geschieht.

Kannst du dir vorstellen, wie du in der Zukunft auf die Vergangenheit zurückblickst? Natürlich!

Sehen wir uns also das nächste Anwendungsbeispiel an:

vor 8 Jahren	vor 4 Jahren	jetzt	nächstes Jahr	in drei Jahren
(Studium in Frankreich)	(Studium in Italien)			(bezugnehmende Zeit)
2005	**2009**	**2013**	**2014**	**2016**

Now, Magdalena speaks French and Italian. She plans to study Chinese next year. In 3 years, she <u>will have mastered</u> 3 languages.

(Jetzt spricht Magdalena Französisch und Italienisch. Für nächstes Jahr hat sie sich vorgenommen, Chinesisch zu lernen. In 3 Jahren wird sie 3 Fremdsprachen beherrschen.)

Die Zeit, auf die wir uns hier beziehen, liegt in der Zukunft, nämlich in drei Jahren. Davor wird einiges geschehen, das eine Beziehung mit dem Zukünftigen haben wird.

Das Ereignis in drei Jahren ist sozusagen das Ergebnis der vorherigen Geschehnisse.

Das klingt schwierig? Ist es nicht. Du weißt ja, die Beispiele lösen alle Unklarheiten auf.

Deswegen stelle ich dir noch ein paar Beispiele mehr zu dem Thema vor:

I will have been here ten years next April.

(Im nächsten April werde ich zehn Jahre hier sein.)

(Die Zeit, auf die ich mich beziehe, ist der nächste April und jetzt bin ich schon wenigstens 9 Jahre hier. Das Ergebnis wird also sein, dass ich nächstes Jahr 10 Jahre hier leben werde.)

He will have finished this painting by Sunday.

(Er wird das Gemälde bis spätestens Sonntag beendet haben.)

(Er malt schon eine Weile an dem Bild und wird sein Werk bis spätestens Sonntag vollenden.)

I'm saving money at the moment. I think I will have saved 1000 Euro by the end of this month.

(Momentan spare ich Geld. Ich denke, dass ich bis zum Ende des Monats 1000 Euro gespart haben werde.)

(Das Ende des Monats ist die Zeit, bis zu der ich die 1000 Euro angespart haben möchte. Damit ich das schaffe, muss ich aber jetzt mein Geld sparen. Die 1000 Euro werden dann der Lohn für meine vorherige Mühe sein.)

Natalie will have gone by the time I arrive home tomorrow.

(Natalie wird morgen, wenn ich heimkomme, fort sein.)

(Jetzt ist sie noch da. Aber morgen, wenn ich zurückkomme, nicht mehr.)

The bus will have left when Fabian and Ingrid arrive at the station.

(Der Bus wird schon abgefahren sein, wenn Fabian und Ingrid zur Busstation kommen.)

(Das ist die Folge vom Trödeln. Jetzt ist der Bus zwar noch nicht weg, aber er wird es sein, wenn die beiden ankommen. Wären die beiden etwas pünktlicher und zuverlässiger, dann hätte das Beispiel hier nicht so gut gepasst. Euch beiden vielen Dank für euer Trödeln. Leider zu spät!)

Grammatikmärchen

Die vierte Frau des König Tense war die Perfect Continuous.

Sie war die Cousine der Königin Perfect und der Königin Continuous und in ihrem Verhalten wirkte sie wie eine Mischung der beiden, was man auch an ihrem Erscheinungsbild erkennen konnte.

Königin Perfect Continuous trägt die Qualitäten des Sommers und des Herbstes gleichermaßen in sich.

Der Winter ist ihre Zeit, in der sie sich auslebt. Sie hält die pralle Lebenskraft des Sommers sicher und fest umschlossen im Keim fest und trägt diesen unter der gefrorenen Erde im Verborgenen durch die leblos erscheinende Winterzeit hindurch.

Wie sie aber den Impuls der aktiven Sommerlebenskraft in ihrem Keim zum Frühjahr hinüberträgt, so schaut sie gleichermaßen in aller Ruhe und Gelassenheit auf das vergangene Jahr zurück. Auf das, was geschehen ist und auf das Ergebnis des Vergangenen.

Königin Perfect Continuous hatte 3 Töchter:

Die erste trug den zauberhaften Namen **Past Perfect Continuous.**
Die zweite wurde **Present Perfect Continuous** genannt.
Die dritte Tochter hörte auf den Namen **Future Perfect Continuous.**

Alle drei Töchter wiesen genau das gleiche Verhalten wie das ihrer Mutter auf. Sie unterschieden sich nur durch ihr Alter.

Damit du Näheres über die drei erfährst, höre, was ich dir über sie zu berichten habe.

Hier geht's weiter

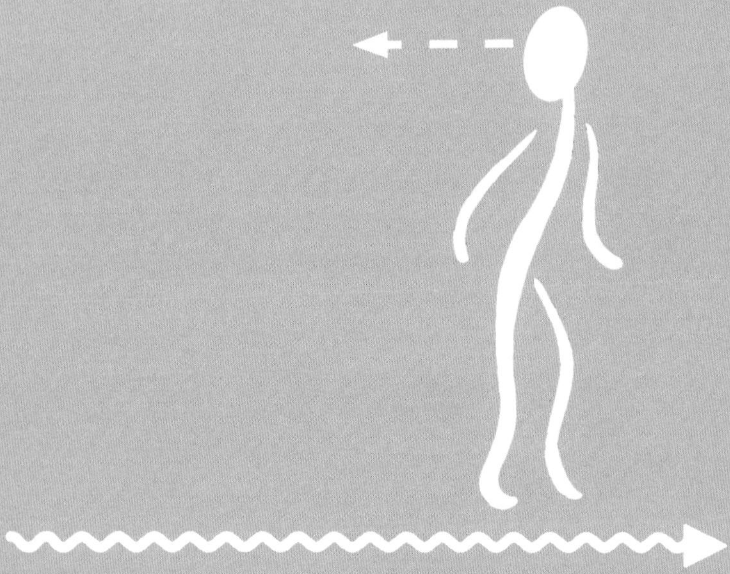

Die Natur der Perfect Continuous Tense

Du kennst jetzt schon fast alle Naturen unserer 12 Tenses. Es bleiben nur noch 3 übrig, dann sind wir fertig. Vermutlich wirst du dich danach nach mehr sehnen. Aber alles geht irgendwann einmal zu Ende. So auch unsere Studien über die 12 Tenses.

Eigentlich sind diese drei Tenses eine Zugabe zu den anderen.

Zunächst wirken sie furchtbar kompliziert und schwierig, wenn wir uns ihre Namen ansehen. Die Namen und ihre wunderschönen Gesichter lassen uns respektvoll erzittern.

Aber keine Sorge, sie sind nur dreifach geschminkt!

Es ist fast alles Fassade. Wenn wir uns wagen genau hinzuschauen (und da wir bereits bestens vertraut sind mit der inneren Natur der Perfect und der Continuous Tense), werden wir erkennen, dass wir zu ihrem näheren Verständnis überhaupt nichts Neues hinzulernen müssen.

Wir haben es einfach nur mit dem Ergebnis der Verknüpfung der Naturen von Perfect und Continuous Tense zu tun, das war es schon. Wenn wir sie zusammenwürfeln, bekommen wir als Ergebnis die drei folgenden Tenses, über die wir jetzt sprechen werden.

Die Naturen dieser 3 Tenses beinhaltet die Natur der uns schon vertrauten Perfect Tense (zurückschauen) und die der Continuous Tense (T.D.U.).

Der einzige Unterschied besteht darin:

Die erste Tense spricht über eine Situation in der Gegenwart (Present),
die zweite Tense über eine in der Vergangenheit (Past)
und die dritte über eine in der Zukunft (Future).

Präge dir folgendes Symbol ein, um die Perfect Continuous Tense Regeln nie wieder zu vergessen.

Wir beginnen mit der Present Perfect Continuous, weil sie so furchtbar einfach zu verstehen ist. Und wenn du sie begriffen hast, schluckst du die andern in einem Haps.

DIE PRESENT PERFECT CONTINUOUS TENSE

Name : Present Perfect Continuous Tense
Aussehen : Subject + has/have + been + V3

Anwendungsbeispiel :

Wie bitte? Present Perfect Continuous?

Ach du liebes bisschen, so ein verflixt langer Name, so ein kompliziertes Gesicht! Der Anblick macht schwindelig und atemlos!

Gemach, gemach, immer mit der Ruhe. Nichts, was du nicht schon lange kennst. Erst pflücken wir einmal den Namen auseinander.

Es handelt sich also um eine Kombination von Present Perfect und von Continuous, was zusammen das Present Perfect Continuous ergibt.

Kannst du dich noch daran erinnern, dass das Present Perfect immer aus dem Verb have oder has, gefolgt von der Verbform 3 (V3) besteht?

Und das Continuous besteht immer aus dem Verb „to be" (be/ is/ am/ are/ was/ were/ been), gefolgt von dem Verb mit der Endung „ing".

Wenn wir beides zusammenwürfeln, erscheint diese Tense in ihrem vollständigen Bild.

Graphisch dargestellt würde das also etwa so aussehen:

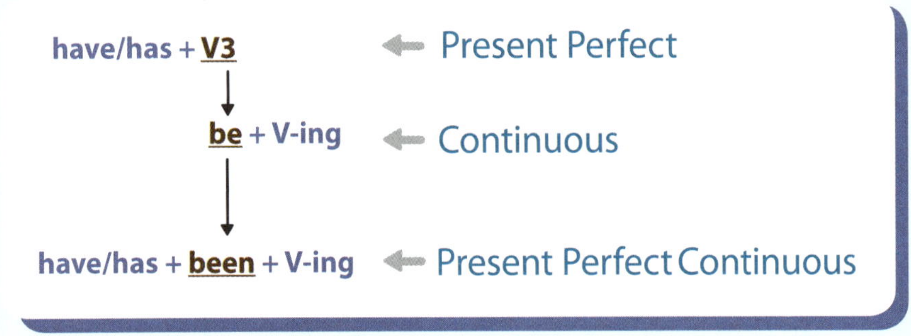

Du siehst, dass das „been" zwei Funktionen gleichzeitig übernimmt:
Verb 3 für das Present Perfect
Verb „to be" für das Continuous

Die zwei verschmelzen in einer Tense.
Schau her!

I have been waiting for Natalie since 6.00 pm. (Now, it's 9.00 pm.)
(Ich warte auf Natalie seit 6 Uhr.) (Jetzt ist es 9.00 pm.)

Es ist nicht schwierig, den Namen und ihr Erscheinungsbild zu begreifen.
Jetzt wenden wir uns ihrer Natur zu.

Da diese Tense aus der Present Perfect und aus der Continuous besteht, beinhaltet sie beide Naturen gemeinsam. Wie sieht dieser Zusammenschluss aus?

Erinnern wir uns noch einmal kurz an die schon bekannten Naturen der einzelnen Tenses:

Present Perfect:
Sie blickt aus der Gegenwart auf ein vergangenes Ereignis.
Das Ereignis hat eine direkte Beziehung zur Gegenwart.

Continuous:
Sie trägt die Eigenschaften der T.D.U

Zum Verständnis rollen wir unser Beispiel zunächst einmal nur vom gewöhnlichen Present Perfect auf.

Angenommen ich erwarte Natalie zum vereinbarten Zeitpunkt am vereinbarten Ort. Sie ist immer noch nicht angekommen. Ich weiß, dass das bei ihr oft vorkommt. Deshalb denke ich zunächst auch noch nicht viel darüber nach, sondern berichte lieber euch, meine werten Leser:

Kannst du erkennen, dass dieser Satz eine reguläre Present Perfect-Form beinhaltet?

have + waited

Die Blickrichtung ist aus der Gegenwart in die Vergangenheit gerichtet.

Damit wird mitgeteilt, dass ich häufig auf Natalie gewartet habe und dass dieses wunderschöne Geschöpf oft zu spät kommt.

Mein häufiges Warten auf Natalie liegt in der Vergangenheit, ist bereits beendet und der Bezug zur Gegenwart besteht darin, euch heute von Natalies Eigenarten berichten zu können.

OK, alles geklärt. Lassen wir die Present Perfect-Sätze hinter uns.

Nachdem ich über die regulären Present Perfect-Sätze berichtet habe, warte ich weiterhin auf Natalie.

Ich warte, warte und warte.

Jetzt warte ich bereits seit drei Stunden auf sie und sie ist immer noch nicht da. Mit einem ernsten Gesichtsausdruck sage ich jetzt:

In diesem Fall hat sich das Verb in die Present Perfect Continuous-Form verwandelt:

have been waiting

Ich warte auf sie seit 6 Uhr und jetzt ist es bereits 9 Uhr und sie ist immer noch nicht da. Langsam beginne ich frustriert und verärgert darüber zu werden.

1. Nun, natürlich wird mein Warten irgendwann einmal vorüber gehen und nicht ewig dauern. (T)

2. Aber mein Warten dauert eine Weile. Wie gesagt, ich warte schon seit drei Stunden auf mein Schätzchen. (D)

3. Und die Tätigkeit des Wartens ist noch nicht beendet. Ich werde noch weiterhin warten müssen, weil Fräulein Natalie immer noch nicht erschienen ist. (U)

„Herrjemineh! Verflixt noch einmal!"

(Ich mache mir meine eigenen Gefühle klar. Das hat gar nichts mit dir zu tun, mein werter Leser!)

Kannst du jetzt erkennen, dass ein Verb in der Perfect Continuous-Form beide Formen, die Perfect und die Continuous, in einem Satz beinhaltet, ohne, dass man es weiter erklären muss?

Die Perfect-Form erklärt das vergangene Warten und die Continuous-Form fügt dem hinzu, dass ich schon lange warte und mein Warten immer noch nicht beendet ist. Und in meinem Gefühl hat das Warten anhaltende Spuren hinterlassen.

Einleuchtend? Sehr gut!

Aber das Beispiel mit dem „Warten auf Natalie" ist immer noch nicht ganz beendet. Lass es uns zu meinem Leidwesen, aber zur Erweiterung deines Wissens, noch ein bisschen ausdehnen.

Angenommen ich warte seit drei Stunden auf Natalie und sie erscheint endlich mit ihrem hübschen Gesicht.

(Uff! Wenn jemand schon einmal in dieser Situation war, wird er meine Gefühle bestens verstehen, wenn ich dann zu ihr sage:)

Du siehst, dass der Satz immer noch im Present Perfect Continuous steht, der lautet:

have been waiting

Genau so wie der vorhergehende Satz, bei dem Natalie noch nicht erschienen war. Aber in diesem Fall ist Natalie glücklicherweise erschienen. Ich muss nicht mehr länger warten, nicht wahr?

Ja! Kein weiteres Warten mehr!

Aber es ist so taufrisch beendet, dass ich es noch nicht als beendet empfinde. In meinem Gefühl hängt das Warten immer noch fest und ist dort stecken geblieben.

Kannst du dich noch daran erinnern, dass wir die Tenses gemäß unserer Gedanken und Gefühle wählen?

So, jetzt noch einmal kurz zusammengefasst:

Die Present Perfect Continuous wird gebraucht, eine vergangene Situation zu beschreiben, die vorübergehend ist, eine gewisse Weile benötigt und noch nicht beendet ist.

Und ich möchte die Tatsache hervorheben, dass man mit ihr auch eine taufrisch beendete Situation beschreiben kann, die sich aus der Blickrichtung des Sprechers so anfühlt, als würde sie immer noch anhalten.

In Ordnung, lass uns zum besseren Verständnis und zum Einprägen noch ein paar weitere Beispiele ansehen:

I have been waiting for the train for three hours.
It has not arrived yet. How much longer do I have to wait?
(Ich warte seit drei Stunden auf den Zug. Er ist noch nicht angekommen. Wie lange muss ich noch warten?)

In dieser Situation ist die Grammatik genau die gleiche wie im Beispiel davor. Der einzige Unterschied besteht darin, dass ich in dem ersten Fall auf Natalies wunderschönes Gesicht warte und im zweiten anstelle dessen auf einen nicht ganz so hübschen langen und schweren Zug.

Jetzt lass uns noch ein anderes Beispiel ansehen, das nichts mit Warten zu tun hat:

How long have you been studying English?

(Wie lange lernst du schon Englisch?)

(Er lernt seit der Vergangenheit bis jetzt und anscheinend wird er noch weiter lernen.)

(Vielleicht müht er sich auf die herkömmliche Art mit den englischen Tenses ab und kennt dieses Buch hier noch nicht, denn sonst wäre sein Bücherstapel auf dem Tisch überflüssig.)

They have been fighting since 6.00 pm.

(Sie kämpfen schon seit 6 Uhr.)

(Es ist jetzt Viertel nach Sechs und sie kämpfen immer noch. Da sie so erbittert miteinander kämpfen, werden sie auch nicht aufhören, bis einer von ihnen K.O. geschlagen wurde oder die Endrunde vorbei ist. Keiner von ihnen wird sich die Blöße geben, vorher aufzugeben.)

They have been playing football since 10 o´clock.

(Sie spielen schon seit 10 Uhr Fußball.)

(Himmel, wie sie keuchen! Es ist jetzt schon 11 Uhr und noch kein Ende in Aussicht. Wie lange noch?)

Have you been drinking?
(Hast du getrunken.)

No,no,no
I haven't been drinking at all, Hicks!
(Nein, nein, nein, Ich habe gar nicht getrunken, Hicks!)

(Das Betrunkensein ist das Ergebnis des zu viel Trinkens. Obwohl er es verneint, kann man das Resultat deutlich erkennen. Die Trinksituation ist noch nicht beendet.)

It has been snowing the whole night.
(Es hat die ganze Nacht durchgeschneit.)

(Es ist jetzt Morgen und der Schneefall hat endlich aufgehört. Aber all der Schnee auf dem Boden ist das Resultat des lang andauernden Schneefall in der Nacht. Die Schneefallstimmung liegt immer noch in der Luft, es riecht nach Schnee und das Resultat ist noch zu sehen.)

She has been swimming.
(Sie ist geschwommen.)

In dieser Situation schwimmt sie augenblicklich nicht mehr, aber sie ist gerade eben erst aus dem Pool gestiegen.
Ihr triefender Badeanzug und das Wasser, das an ihrem Körper herunterläuft, verdeutlicht, dass das Schwimmen noch nicht ganz beendet ist, obwohl sie sich jetzt nicht mehr im Wasser befindet. Das Schwimmen liegt noch so nah, dass es für den Erzähler noch aktuell ist.

DIE PAST PERFECT CONTINUOUS TENSE

Name : Past Perfect Continuous Tense
Aussehen : Subject + had + been + V-ing

Anwendungsbeispiel :

I had been studying English for ten years before I met Natalie.
(Bevor ich Natalie traf, habe ich 10 Jahre lang Englisch gelernt.)

Diese Tense hat die gleichen Eigenschaften wie die Present Perfect Continuous, mit dem einzigen Unterschied, dass sie sich auf die Vergangenheit und nicht auf die Gegenwart bezieht.

Da du bestens mit der Anwendung der Present Perfect Continuous Tense vertraut bist, ist die Past Perfect Continuous kein Ding mehr für dich. Übertrage einfach dein bisheriges Wissen über die Anwendung der Tense in der Gegenwart in die Vergangenheit und schon stimmt es.

Hier ist ihre Struktur:

had + V3	←	~~Present~~ Past Perfect
↓		
be + V-ing	←	Continuous
↓		
had + been + V-ing	←	~~Present~~ Past Perfect Continuous

Zum Beispiel:

He had been working since 8 o'clock.
When she arrived home at 10 o'clock, he was still working.
(Er arbeitete seit 8 Uhr. Als sie um 10 Uhr heim kam, arbeitete er immer noch.)

(Wenn der Sprecher diesen Satz sagt, ist es schon nach 10 Uhr. Beide Situationen, seine Arbeit und ihre Heimkehr, waren in der Vergangenheit. Für ihre Heimkehr wird die Verbform 2, also die Past Simple Tense, verwendet, um zu verdeutlichen, dass die bezugnehmende Zeit in der Vergangenheit liegt. Sein Arbeiten ist das vorangegangene Ereignis, das bei ihrer Rückkehr noch nicht beendet war.)

They had been fighting wildly at least 15 minutes when I saw them.

(Als ich sie sah, hatten sie mindestens 15 Minuten wild miteinander gekämpft)

(Und es sah so aus, als wären sie noch längere Zeit in den Kampf weiter verstrickt.)

How long had you been studying English when you met Natalie?
(Wie lang hattest du Englisch studiert, als du Natalie trafst?)

I had been studying English for ten years when I met Natalie.
(Als ich Natalie traf, hatte ich 10 Jahre Englisch studiert.)
(Ich lernte fortdauernd über 10 Jahre Englisch und dann traf ich Natalie. Nachdem ich sie traf, hatte ich auch keinen Grund, mein Englischlernen zu beenden, oder?)

He had been trying to get her on the phone.
(Er hatte versucht, sie telefonisch zu erreichen.)
(Die Satzstruktur verrät uns, dass die bezugnehmende Zeit in der Vergangenheit liegt. Er hat viele Male versucht, sie telefonisch zu erreichen. Das Wort „trying" macht deutlich, dass er es über eine lange Dauer versucht hat. Er hat wie so oft ihre Nummer gewählt und sie hat nicht abgenommen.)

Eine andere Art: „He had been trying to get her on the phone." auszudrücken, wäre:

„He had tried many times to get her on the phone."
(Er hat viele Male versucht, sie zu erreichen.)

They had been playing football all the morning, when it started to snow.

(Sie hatten den ganzen Vormittag Fußball gespielt, als es zu schneien begann.)

(Trotz des Schnees spielten sie weiter.)

DIE FUTURE PERFECT CONTINUOUS TENSE

Name : Future Perfect Continuous Tense
Aussehen : Subject + will + have + been + V-ing

Anwendungsbeispiel :

They will have been playing football for at least two hours when you get home.

(Sie werden mindestens zwei Studen Fußball gespielt haben, wenn du heimkommst.)

Darf ich dich zur letzen Tense begleiten? Die letzte Tense sieht ein bisschen kniffelig aus. Alleine ihr Name ist einen guten Kilometer lang.

Sie wirkt im Verhältnis zu den anderen Tenses ein wenig schwieriger.

Verglichen mit einer Frau könnte man sagen, dass sie sich sehr gerne mit schönen und prachtvollen Dingen umgibt.

Ihr ziemlich langer Name beinhaltet gleichermaßen Future, Perfect und Continuous, also alle drei gemeinsam.

Das bedeutet, dass auch ihr Charakter und ihr Benehmen mit Sicherheit Future, Perfect und Continuous mit einbeschließt.

Sieh dir die Struktur von ihr näher an:

will + **V** ← Future

have + **V3** ← Perfect

been + **V-ing** ← Continuous

will + **have** + **been** + **V-ing** ← Future Perfect Continuous

Das **„have"** erfüllt seine Aufgabe als Infinitiv für die Future und gleichermaßen als Verb „to have" für das Perfect.

Und **„been"** erfüllt erstens seinen Job als Verb 3 für das Perfect und zweitens als Verb „to be" für das Continuous.

Die Anwendung ist ähnlich wie bei der Present Perfect Continuous und der Past Perfect Continuous. Natürlich wieder mit dem kleinen Unterschied, dass sie nicht im Present und nicht im Past, sondern in der Future angewandt wird.

Du musst nur schlicht und einfach die Present Perfect Continuous in die Zukunft katapultieren, das ist schon alles.

Schnell her mit einem aufklärenden Beispiel:

By the end of this year, he will have been working there for 10 years.

Am Ende dieses Jahres wird er 10 Jahre dort gearbeitet haben.

(Seine jetzige Arbeit geht noch weiter und er wird vermutlich sein zehnjähriges Dienstjubiläum am Ende nächsten Jahres dort feiern und danach noch weiter im Betrieb bleiben.)

I will have been studying English for three hours by the time you get home tonight.

(Ich werde drei Stunden Englisch gelernt haben, wenn du heute Nacht heim kommst.)

(Und obwohl du zurück bist, werde ich dann noch weiter lernen. Damit du weißt, wie fleißig ich bin.)

They will have been playing music continuously for 2 hours, when you get home at 6 pm.

Sie werden 2 Stunden lang musiziert haben, wenn du um 6:00 Uhr heim kommst.

(Und es sieht ganz danach aus, als würden sie dann immer noch weiter spielen.)

By next month, they will have been living in this house for five years.

(Nächsten Monat werden sie 5 Jahre in dem Haus gewohnt haben.)

(Und soweit ich weiß, planen sie nicht, dort auszuziehen.)

OK!

Endlich kennst du sie alle! Die 12 Tenses plus dem Zusatzzückerchen : be + going to + V (Infinitive)

Jetzt verstehst du im vollen Ausmaß, wie wertvoll und wichtig und erleichternd es ist, die inneren Naturen oder die Eigenschaften der Tenses zu kennen und zu können.

Wenn du das Herz der Grammatik der englischen Sprache verinnerlicht hast, wirst du bei der Auswahl der Tenses niemals mehr durcheinander kommen und du kannst sie frei in deine kunstvolle englische Sprache einbauen.

Und für das große Finale wollen wir alle neu gelernten Informationen noch einmal in Kürze zusammen fassen.

Beginnen wir mit einem Memory Map, damit wir den Überblick haben.

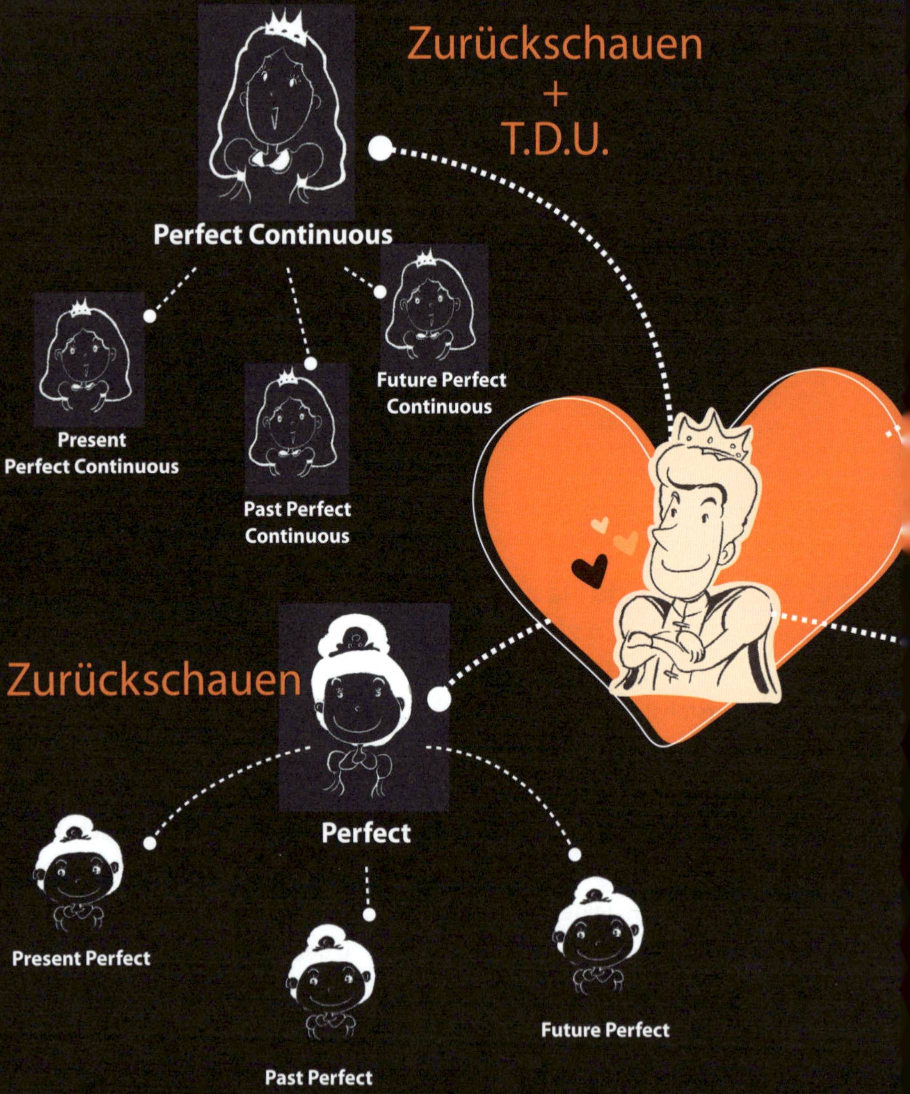

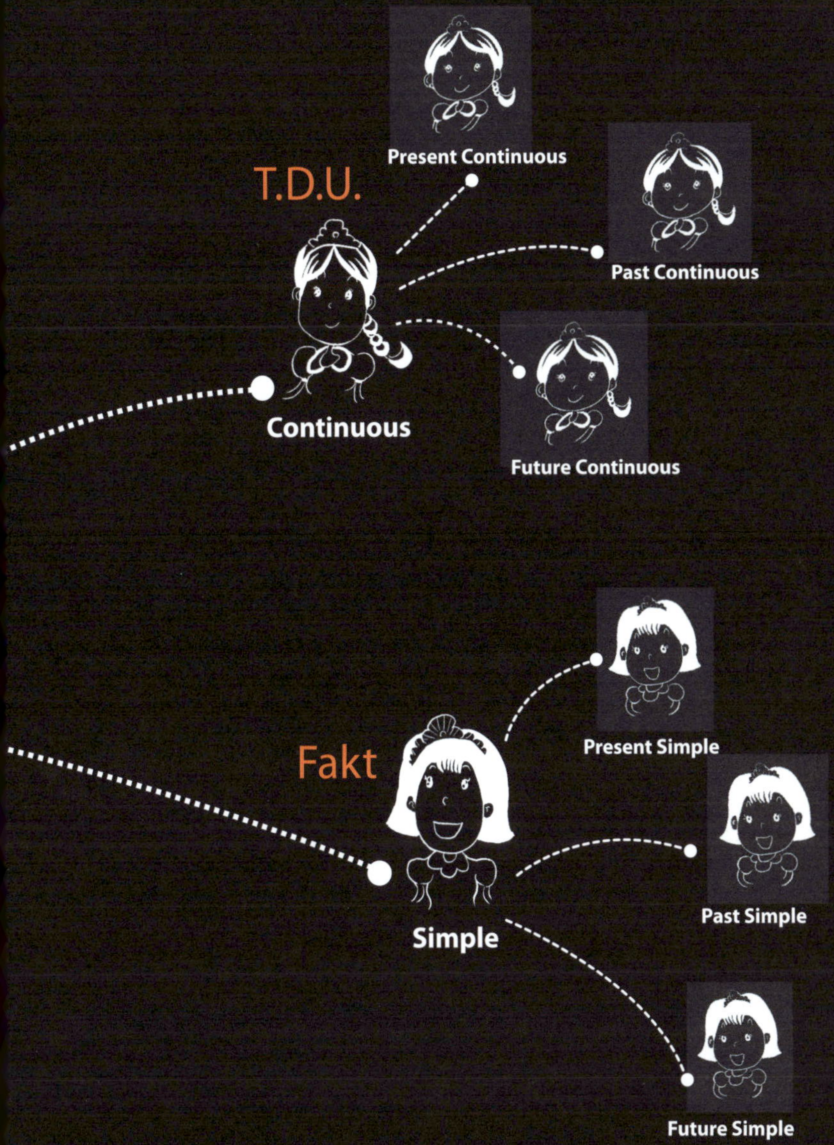
Present Continuous
T.D.U.
Past Continuous
Continuous
Future Continuous
Present Simple
Fakt
Past Simple
Simple
Future Simple

Kurzfassung der wichtigsten Naturen aller 12 Tenses

1. Present Simple: S + V1

Es ist die Tatsache. Der Erzähler hat das Empfinden:

Es ist eine aktuelle und taufrische Geschichte.

Es ist ein sicherer Fakt.

Die Sprache ist nah und vertraulich.

2. Past Simple: S + V2

Es ist die Tatsache. Der Erzähler hat das Empfinden:

Das Erzählte liegt in der Vergangenheit.

Das Gesagte ist nicht so sicher.

Die Sprache ist höflich distanziert.

3. Future Simple: S +will + V (Infinitive)

Das Ereignis wird in der Zukunft stattfinden.

Das Gesagte bedarf keiner Vorplanung.

Es kann zum Ausdrücken eines Entschlusses gebraucht werden.

4. Present Continuous: S + is/am/are + V-ing

Das Ereignis findet jetzt statt.

T.D.U. (Temporary, Duration, Unfinished)

Das Ereignis ist vorübergehend.

Das Ereignis benötigt eine gewisse Dauer.

Das Ereignis ist jetzt noch nicht beendet.

(Das Ereignis ist bewegt und aktiv, wie der Ausschnitt eines Filmes.)

5. Past Continuous: S + was/were + V-ing

Das Ereignis fand in der Vergangenheit statt.

T.D.U. (Temporary, Duration, Unfinished)

Das Ereignis ist vorübergehend.

Das Ereignis benötigt eine gewisse Dauer.

Das Ereignis war in der bezugnehmenden Zeit in der Vergangenheit noch nicht beendet.

(Das Ereignis ist bewegt und aktiv, wie der Ausschnitt eines Filmes.)

6. Future Continuous: S + will + be + V-ing

Das Ereignis wird in der Zukunft stattfinden.

T.D.U. (Temporary, Duration, Unfinished)

Das Ereignis ist vorübergehend.

Das Ereignis benötigt eine gewisse Dauer.

Das Ereignis wird in der bezugnehmenden Zeit in der Zukunft noch nicht beendet sein.

(Das Ereignis ist bewegt und aktiv, wie der Ausschnitt eines Filmes.)

7. Present Perfect: S + has/have + V3

Blickt aus der Gegenwart auf ein Ereignis in der Vergangenheit.

Das Ereignis hat immer einen Bezug zur Gegenwart.

8. Past Perfect: S + had + V3

Blickt von einem Zeitpunkt in der nahen Vergangenheit auf ein Ereignis in der ferneren Vergangenheit.

Das Ereignis in der ferneren Vergangenheit hat einen Bezug zur näheren Vergangenheit.

9. Future Perfect: S + will + have + V3

Blickt aus der fernen Zukunft auf ein Ereignis in der näheren Zukunft.

Das beschriebene Ereignis in der fernen Zukunft steht in direkter Beziehung zu dem Ereignis in der näheren Zukunft.

10. Present Perfect Continuous:

S + has/have + been + V-ing

Blickt aus der Gegenwart auf ein vergangenes Ereignis.

Das Ereignis hat eine direkte Beziehung zur Gegenwart.

T.D.U. (Temporary, Duration, Unfinished)

Das Ereignis ist vorübergehend.

Das Ereignis benötigt eine gewisse Dauer.

Das Ereignis ist noch nicht ganz beendet.

11. Past Perfect Continuous:

S + had + been + V-ing

Blickt von einem Zeitpunkt in der nahen Vergangenheit auf ein Ereignis in der ferneren Vergangenheit.

Das Ereignis in der ferneren Vergangenheit hat einen Bezug zur näheren Vergangenheit.

T.D.U. (Temporary, Duration, Unfinished)

Das Ereignis ist vorübergehend.

Das Ereignis benötigt eine gewisse Dauer.

Das Ereignis war in der bezugnehmenden Zeit in der Vergangenheit noch nicht ganz beendet.

12. Future Perfect Continuous:

S + will + have+ been + V-ing

Blickt von einem Zeitpunkt in der ferneren Zukunft auf ein Ereignis in der näheren Zukunft.

Das Ereignis in der näheren Zukunft hat einen Bezug zum Ereignis in der ferneren Zukunft.

T.D.U. (Temporary, Duration, Unfinished)

Das Ereignis ist vorübergehend.

Das Ereignis benötigt eine gewisse Dauer.

Das Ereignis wird in der bezugnehmenden Zeit in der Zukunft noch nicht ganz beendet sein.

13. OH WEH !

Hups! Es gibt ja nur 12 Tenses. Wir sind ja schon fertig.

Das Lesen hat mich ganz schön hungrig gemacht, dich auch?

Die Tenses als Hauptgericht: Guten Appetit!

Schauen wir uns das Bild aller 12 Tenses jetzt als Hauptgericht einer Mahlzeit an, die wir verspeisen und verdauen wollen.

Mit dem Hintergrundwissen der Charaktere und der inneren Naturen der Tenses sind wir zu Kennern und Insidern ihrer Zutaten und Inhalte geworden.

Was jetzt noch fehlt, ist die Sicherheit und die Vertrautheit mit ihrem alltäglichen Umgang, sowie wir beim Kochen auch mit den einzelnen Gewürzen vertraut sein sollten, um ein Gourmetessen herstellen zu können.

Ganz gelassen und mit geschultem Blick sehen wir uns dieses Bild jetzt noch einmal im Vergleich an.

Wo erkennen wir Unterschiede, wo Ähnlichkeiten und Übereinstimmungen?

Alle 12 beschriebenen Tenses, einschließlich der Verbform: „be + going to + V (Infinitive)“, werden wir uns unter Verwendung des einfachen und alltäglichen Wörtchens „essen“ ansehen. Verspeisen wir also dieses Beispiel mit einem Bissen.

Hier sind die drei konjugierten Formen von „eat“.

eat	**ate**	**eaten**
(essen)	**(aß)**	**(gegessen)**

I eat.	Ich esse.	Present Simple	Simple
I ate.	Ich aß.	Past Simple	
I will eat.	Ich werde essen.	Future Simple	
I am eating.	Ich esse gerade.	Present Continuous	Continuous
(I am going to eat.	Ich werde essen.	be + going to + V Infinitif)	
I was eating.	Ich aß.	Past Continuous	
I will be eating.	Ich werde gerade essen.	Future Continuous	
I have eaten.	Ich habe gegessen.	Present Perfect	Perfect
I had eaten.	Ich hatte gegessen.	Past Perfect	
I will have eaten.	Ich werde gegessen haben.	Future Perfect	
I have been eating.	Ich habe gegessen.	Present Perfect Continuous	Perfect Continuous
I had been eating.	Ich hatte gegessen.	Past Perfect Continuous	
I will have been eating.	Ich werde gegessen haben.	Future Perfect Continuous	

Auf einen Bissen liegen die 12 Tenses doch etwas schwer im Magen und lassen sich nicht so leicht verdauen. Aber du steckst ja auch nicht ein ganzes Hauptgericht mit einem Bissen in den Mund. Wir müssen uns die Happen schon ein bisschen mundgerecht vorbereiten, damit wir sie besser aufnehmen und jeden Bissen mit Wonne genießen können.

Machen wir also schmackhafte Portionen daraus. Tense für Tense nacheinander:

Satz 1 | Present Simple : S + V1

I eat bread everyday.

Dieser Satz, aus dem Mund eines Deutschen gesprochen, trifft mit allergrößter Wahrscheinlichkeit und Sicherheit zu. Das ist das Normalste der Welt, dass ein Deutscher sein tägliches Brot isst und das war schon immer so. Der Sprecher geht bei diesem Satz nicht ins Detail. Er teilt mit dieser Aussage nicht mit, zu welcher Zeit er das Brot isst und wann er damit aufhört. „I eat bread everyday." ist eine schlichte gegenwärtige Situation, die uns die Natur der Present Simple Tense verdeutlicht. So ist es und so wird es bleiben!

Satz 2 | Past Simple : S + V2

I ate bread with cheese yesterday evening.

Eigentlich ist es für das Beispiel gar nicht so wichtig, was auf dem Brot war. Ob Käse oder Marmelade ist doch Wurst. Das Beispiel mit dem Käse soll nur verdeutlichen, dass etwas anderes als das Alltägliche geschehen ist. Brot esse ich jeden Tag. Aber Käsebrot nicht unbedingt. Bedeutsam ist also das Gefühl des Sprechers speziell für diese Mahlzeit. Das Käsebrot wurde gestern, in der Vergangenheit, gefuttert. Gestern ist von der Gegenwart getrennt.

Die Verbform V2, die auf Englisch „ate" heißt, lässt erkennen, dass wir es hier mit dem Past Simple zu tun haben und dass es sich um eine einzelne, abgeschlossene Situation handelt.

„Gestern Abend habe ich ein Käsebrot gegessen." Es geht um keine weiteren Details oder Feinheiten. Nur eine Einzelsache, die war und die vorbei ist. Das Brot mit Käse ist gegessen!

Satz 3 | Future Simple : S + will + V (Infinitive)

I'll eat bread with ham.

Das Gleiche wie beim vorhergehenden Satz: Ob Schinken oder Käse ist völlig Wurst um das Future Simple zu erklären! Entscheidend ist das Gefühl, die Absicht des Sprechers.

Das Hilfsverb „will", das vor dem Verb „eat" (Infinitive) steht, entspricht der Future Simple Tense und verdeutlicht die Absicht des Sprechers für ein Vorhaben in der Zukunft ohne Vorgeschichte. „Ich werde Brot mit Schinken essen." Fertig, aus! „Willst du mit mir zusammen essen?" wäre eine denkbare Folgefrage nach diesem Satz. (Sobald die Bedeutung eindeutig auf dem Hilfsverb „will" liegt, wissen wir, dass dadurch ein Entschluss betont wird.)

Satz 4 | Present Continuous : S + is/am/are + V-ing

I am eating pizza and spaghetti.

Die Gebrauchsform ist hier: das konjugierte Verb von „to be", gefolgt von dem Verb „eat" mit „-ing"-Endung. So ist die Present Continuous Tense.

Dieser Satz kann zweierlei Bedeutungen haben, die von der jeweiligen Situation oder von der Absicht des Sprechers abhängen.

Die erste Bedeutung:

Der Sprecher konzentriert sich auf die gegenwärtige Situation, die jetzt gerade geschieht und die noch anhält. Er kaut gerade auf der Pizza und saugt seine Spaghetti in den Mund. Man kann hören, wie sehr es ihm schmeckt. Sein Mahl ist nicht endlos, aber er ist noch nicht fertig damit. Der Schwerpunkt liegt auf dem vorübergehenden und noch nicht vollendeten Geschehen, das jetzt gerade geschieht.

Die zweite Bedeutung:

Bei der zweiten Bedeutung will der Sprecher über die Zukunft sprechen. Er teilt seine Absicht mit, was er nach seiner Vorplanung tun wird. In diesem Fall bedeutet der Satz: „I am eating pizza and spagetthi", dass der Sprecher vielleicht schon den Pizzaservice angerufen hat, der ihm sein heiß ersehntes Essen nach Hause bringt. In diesem Fall: „I am going to eat pizza and spaghetti." Du siehst mit eigenen Augen, dass der Sprecher jetzt gerade nicht isst. Das Ereignis erklärt dem Hörer oft was es bedeutet. Sollte ihn ein anderer fragen: „What will you eat?", würde der Sprecher entsprechend seines Vorhabens antworten: „I am going to eat pizza and spagetthi." (Ich werde Pizza und Spagetthi essen.)

Zuschlag

I am going to eat bread with cheese and mustard.

Dieser Satz ist ein kleines Bonusgeschenk für dich, da er nicht in die Reihe der 12 Tenses hinein gehört. Trotzdem solltest du ihn kennen, weil er dir eine weitere nette Möglichkeit bietet, ein Zukunftsvorhaben auszudrücken.

Im modernen Sprachgebrauch spricht man diese Form in einer Kurzfassung „I'm gonna eat." anstatt „I am going to eat."

Es ist zwar grammatikalisch nicht korrekt, aber viele Leute, besonders die Amerikaner, lieben es.

Das „I am going to" bedeutet in diesem Fall nie, dass ich irgendwo hingehe. Ich benutze das „going" nur um auszudrücken, dass das Vorangekündigte sehr bald geschehen wird. Der Ober hat das Käsebrot mit Senf schon gebracht. Es liegt vor mir auf dem Teller und ich greife gerade danach.

Jetzt kann mich nichts mehr von dem herzhaften Biss in mein Brot trennen. Hm, köstlich!

Satz 5 | Past Continuous : S + was/were + V-ing

I was eating when Natalie arrived home.

Der erste Satzteil steht im Past Continuous, während der zweite im Past Simple angewandt wird.

I was eating	**ist**	**Past Continuous.**
Natalie arrived home	**ist**	**Past Simple.**

Im ersten Abschnitt: „I was eating" erfährt man, dass das Ereignis in der Vergangenheit geschehen ist. Das erkennen wir an der Verbform „was eating". Während ich genüsslich vor meinem Essen saß und noch nicht satt war, trat ein weiteres Ereignis ein und störte mich dabei: Fräulein Natalie kam heim!

Oder man benutzt diese Tense, wenn man zwei Situationen, die zur gleichen Zeit in der Vergangenheit geschehen sind, mitteilen will. Wenn Natalie während meines leckeren Essens gleichzeitig tanzte, zum Beispiel.

While I was eating, Natalie was dancing.

Wow, was für ein Genuss, Natalie während meines Essens beim Tanzen zusehen zu dürfen!

Satz 6 | Future Continuous : S + will + be + V-ing

I will be eating with my sweetheart.

Dieser Satz wirkt fremd, aber interessant. In welcher Situation könnte man ihn im normalen Alltag gebrauchen?

Der Satz beinhaltet ein „will", um die Zukunft und ein „be + eating", um die Continuous-Form auszudrücken. Der Satz wird also eingesetzt, wenn man den Zeitraum des gemeinsamen Essens in der Zukunft mit dem Sweetheart beschreiben will, in dem man mit Sicherheit nicht gestört werden möchte. Man könnte den Satz auch so erweitern: „Do not come to see me at noon tomorrow because I will be eating with my sweetheart." („Besuche mich morgen Mittag nicht, weil ich dann mit meiner Süßen speisen werde.")

Die Form der Future Continuous Tense im Verb „eating" verdeutlicht uns, dass das Essen in dem beschriebenen Zeitraum in der Zukunft noch nicht beendet sein wird. Du siehst, wie nützlich diese Tense ist, wenn du in Zukunft mit deiner Liebsten ungestört bleiben möchtest.

Satz 7 | Present Perfect : S + has/have + V3

I have eaten.

Der Gebrauch des Present Perfect (zu erkennen am: „have", gefolgt von dem Verb 3) teilt mit, dass der Sprecher bereits gegessen hat. Das Essen hat eine Verbindung zur Gegenwart. Jetzt bin ich satt und zufrieden.

Wenn mich jemand zum Essen einlädt, dann wäre die richtige Antwort auf die Frage: „I have eaten". Und zwar mehr als genug.

Siehst du nicht, dass ich so voll bin, dass ich nahezu platze?

Satz 8 Past Perfect : S + had + V3

I had eaten.

Die Past Perfect-Form besteht aus: „had", gefolgt von dem Verb 3, in diesem Fall „eaten".

Sie wird verwendet, um eine fernere Situation in der Vergangenheit zu beschreiben, der eine nähere vergangene Situation folgt.

Etwa wie: „I had eaten bread with jam before I left home this morning."

(Bevor ich heute morgen das Haus verlies, habe ich ein Marmeladenbrot gegessen.)

Wir sehen die Past Perfect Tense immer in Verbindung mit der Past Simple Tense. Die Past Simple setzt ein Ereignis in die Vergangenheit und das Past Perfect berichtet, was in der ferneren Vergangenheit vorausging.

I had eaten bread with jam.	**ist**	**Past Perfect.**
I left home this morning.	**ist**	**Past Simple**

Satz 9 | Future Perfect : S + will + have + V3

I will have eaten.

Dieser Satz kann einen leicht verwirren.

Bei manchen Tenses ist das Gefühl des Sprechers von entscheidender Bedeutung und manchmal muss die Situation mehr beachtet und in den Vordergrund gestellt werden, damit der Hörer begreifen kann, was du ihm deutlich machen willst.

Bei unserem Beispiel steht das „will" für die Zukunft und das „have + V3" (eaten) für die Perfect-Form.

Man will damit ausdrücken: „Ich werde mein Essen zu einem bestimmten Zeitpunkt in der Zukunft beendet haben."

Was meint man mit „ein bestimmter Zeitpunkt in der Zukunft"?

„Wenn du um 6 Uhr kommst, werde ich gegessen haben."

Das heißt, dass es jetzt noch nicht 6 Uhr ist, vielleicht haben wir gerade Mittag oder Morgen.

Wir könnten die Future Perfect zum Beispiel in dieser Situation gebrauchen:

„I will have eaten when you arrive home at 6 pm."

„Then we will have enough time to do something romantic together.", könnte die mögliche Fortführung des Gesprächs sein.

Satz 10 | Present Perfect Continuous
S + has/have + been + V-ing

I have been eating.

Was ist denn das? Gibt es denn wirklich so eine Mix-Tense? Present, Perfect und Continuous zusammen?

Der Name dieser Tense ist verflixt lang und sieht schwierig aus. Genau genommen ist er das eigentlich gar nicht. Aber ich weite die Ausführung ein wenig aus, damit du es bis in die Wurzeln verstehst.
Ja, es ist richtig: Der Satz benutzt alle drei, die Present, die Perfect und die Continuous-Form in einer Tense gemeinsam.

Das Wörtchen „been" in der Mitte des Satzes erfüllt seine Aufgabe als Verb 3 zusammen mit „have" für das Present Perfect.

Zusätzlich steht es als Verb „to be" zusammen mit dem Verb „eating" für die Eigenschaft der Continuous.

Was sagt uns so ein komischer Satz?

Er sagt uns, dass sein Sprecher begonnen hat zu essen und bis jetzt noch immer isst. Wenn jemand das sagt, dann hat er sein Essen noch nicht beendet und weiß auch noch nicht, wie lange er noch braucht, bis er satt ist.

Schnell ein Beispiel dafür her:

„**I have been eating since 6 pm.**"
(Ich esse seit 6 Uhr.)

„**Now, it is 7 pm and I am still eating**"
(Jetzt ist es schon 7 Uhr. Aber ich esse immer noch.)

„**Oh…my goodness! This meal is so delicious.**"
(Himmel, das Essen schmeckt so köstlich!)

Der zweite und der dritte Satz sind nicht so wichtig, sie sollen die Situation nur ergänzend klarstellen. Eigentlich reicht der erste Satz völlig aus, um jede Information darin zu verdeutlichen. Die Natur dieser Tense verrät uns, ohne es extra auszusprechen (sozusagen als Geheimsprache für Insider) : Ich habe bereits begonnen zu essen, esse immer noch und ich werde noch weiter essen. Und ich hoffe, es geht auf deine Rechnung?

Satz 11 | Past Perfect Continuous
S + had + been + V-ing

I had been eating.

Dies scheint jetzt die allerschwierigste aller Tenses zu sein. Zumindest sieht sie so aus. Sie hat die Past, die Perfect und die Continuous zusammen. Und sie ist mehr Past als gewöhnlich.

Ihr äußeres Erscheinungsbild gleicht dem geschminkten Gesicht einer chinesischen Opernsängerin mit dreifachen Schminkschichten.

Der Satz sagt uns: „I had been eating before and... I was still eating."

So schwierig ihr Erscheinungsbild auch wirken mag, es ist ganz leicht, wenn du einfach alle Infos aus Satz 10 in die Vergangenheit katapultierst.

Yesterday, I had been eating since 6 pm.
(Gestern hatte ich seit 6 Uhr gegessen.)

Then, Natalie came home at 7 pm. and I was still eating.
(Um 7 Uhr kam Natalie heim und ich aß immer noch.)

Oh…my goodness! That meal was so delicious.
(Himmel, das Essen war so köstlich.)

Siehst du es? Die Verbform verrät uns automatisch und ungefragt, dass ich aß, bevor Natalie gestern heimkam und ebenso, dass ich noch weiter aß, als sie schon da war. Ich hatte mein Essen zu diesem Zeitpunkt noch nicht beendet.

Fassen wir also zusammen, dass der Satz „I had been eating" die Informationen beinhaltet, dass ich vor der Heimkehr von Natalie bereits aß und dass mein Essen noch nicht beendet war.

Satz 12 | Future Perfect Continuous
S + will + have + been + V-ing

I will have been eating.

Jetzt haben wir aber wirklich alles drinnen, was wir bislang kennen gelernt haben. Wir haben die Future darin, die Perfect und die Continuous.

Auch ihr Erscheinungsbild erinnert an eine mehrfach geschminkte chinesische Opernsängerin.

will	ist	Future
have been	ist	Perfect
been eating	ist	Continuous

Nach Satz 10 und Satz 11 kannst du dir schon denken, wie wir diese Tense ohne viel Mühe anwenden:

Führe dir noch einmal alle Gesetzmäßigkeiten von Satz 10 klar vor Augen. Wenn du sie klar vor dir siehst, hopp, ab in die Zukunft damit und das war es schon. Einfach, nicht?
In diesem Fall:

Now, it is 6 pm.
(Jetzt ist es 6 Uhr.)

Natalie will come home at 7 pm.
(Natalie wird um 7 Uhr heimkommen.)

I will have been eating when Natalie comes home.
(Ich werde gegessen haben, wenn Natalie heimkommt.)

Die Verbform des Satzes „I will have been eating." verrät uns insgeheim, sofern wir die Geheimsprache der Tenses kennen:

Mein Essen wird zum Zeitpunkt von Natalies Heimkehr bereits begonnen haben und für eine noch nicht bekannte Dauer fortgesetzt werden.

Dank des vorzüglichen Essens und dank meines übergroßen Hungers konntest du diese Tenses jetzt bis in die Wurzeln verstehen lernen. So haben wir beide etwas davon: du deine Erkenntnis und ich mein köstliches Essen.

Hmm, sehr köstlich!

Das Verhalten der Menschen ist so unterschiedlich, wie die Naturen der Tenses

Die Menschen haben wie die Tenses unterschiedliche Eigenschaften und Naturen.

In jeder Situation gibt es unterschiedliche Anwendungsmöglichkeiten der Tenses, und die unterschiedlichen Charaktere der Menschen lassen sie auch zu unterschiedlichen Varianten bei der Benutzung der Tenses greifen. So ist das Leben halt. Bunt, schillernd und vielschichtig!

Menschen, die eher einfach, direkt und in der Ausdrucksweise gradlinig sind, wählen häufiger die Present Simple Tense.

Die Aussagen dieser Menschen werden - wie sie selbst - direkt und einfach ausfallen. So, wie der Charakter der Present Simple Tense eben ist.

Einige bevorzugen den Gebrauch der Past Simple Tense, da sie dazu neigen, fertige, abgeschlossene Dinge zu berichten, während andere lieber mit der Present Perfect Tense umgehen, weil sie gerne die Vergangenheit mit der Gegenwart in Verbindung bringen.

Da es so viele unterschiedliche Menschen gibt, ist es gut, dass es so viele herrliche Ausdrucksmöglichkeiten für sie gibt.

In einigen Situationen erlaubt uns das Wissen um die Naturen der Tenses die freie Auswahl zwischen der ersten oder der zweiten Tense, in anderen Situationen gibt es diese Wahl nicht und wir sind durch die Umstände gezwungen, uns für eine bestimmte zu entscheiden.

Anhand der vielen Beispiele und Ausführungen des Buches weißt du, wie wertvoll und wichtig die inneren Naturen der Tenses sind. Was aber immer noch wichtiger bleibt, ist das menschliche Verhalten, das, wie du gehört hast, einen Einfluss auf den Sprachgebrauch hat. Das dürfen wir nicht übersehen.

Benutze die Regeln der Grammatik nicht zu eng und zu starr. Sie sollen dir nicht zum Gefängnis werden, sondern zur Freiheit im Umgang mit der Sprache verhelfen.

Gehe frei und flexibel mit diesem Wissen um. Werde zum unbeschwerten Anwender im Umgang mit den Tenses.

Aber bitte: Solltest du mit Hilfe deines neu erworbenen Wissens bemerken, dass andere die Tenses nicht ganz korrekt oder gar falsch einsetzen, sollten sie stolpern oder gar stürzen, bitte, sei kein Scharfrichter und verurteile sie nicht. Sie hatten einfach bisher noch nicht das Glück, das Geheimnis der Naturen der Tenses kennen zu lernen. Lass dieses Wissen nicht weiter im Geheimen. Dafür gibt es keinen Grund. Erzähle davon, gib das Buch weiter, verleihe oder verschenke es. Ermögliche anderen die gleiche Freude, die du selber im Umgang mit der englischen Sprache hast.

Jetzt wollen wir uns noch ein letztes Beispiel ansehen, als Ausdruck dafür, wie die Sprache als lebendiges Werkzeug und nicht als Fessel eingesetzt werden kann.

Jonathan führt den Büffel Gänseblümchen für seine Isabel spazieren.

Er läuft durch den Park, ohne sich dabei nach hinten umzusehen. Zuhause angekommen bemerkt er, dass er Gänseblümchen auf seinem Weg irgendwo im Park verloren hat. Kleinlaut fällt er vor Isabel, deren Lieblingstier Gänseblümchen ist, auf die Knie und gesteht ihr den schlimmen Verlust des Büffels.

„Honey, I forgot the buffalo."
(„Liebling, ich vergaß den Büffel.") klagt Jonathan reumütig.

Jonathan verwendet die „Past Simple Tense". Er ist schon aus dem Park zurückgekehrt. Folglich ist die Situation, als er den Büffel verloren hat, schon abgeschlossen. (Vergangenheit)

(forget **forgot** forgotten)

Vom Past Simple Tense Charakter wissen wir nun als Tense-Profis, dass wir zur Beschreibung des vorangegangenen Umstandes in dieser Geschichte ein Past Simple Verb gebrauchen können, da es sich hier um eine Frage der Zeit handelt. Dies entspricht dem inneren Tense Charakter und wäre grammatikalisch völlig korrekt.

Könnte Jonathan auch eine andere Tense-Form in diesem Fall verwendet haben?

Ja, sicher. Hier ist sie:

„Oops… I have forgotten the buffalo!"
(„Heidenei, ich habe den Büffel vergessen!")

Der Hauptunterschied besteht darin, dass es sich in diesem Satz nicht mehr um die Past Simple Tense handelt, sondern um die Present Perfect Tense.

Hervorzuheben wäre in diesem Fall, dass das „Büffel-Vergessen" ganz offensichtlich das Gefühl von Jonathan stark prägt.

Wenn er einen Bezug zwischen dem Büffel-Vergessen und der Gegenwart herstellen wollte, könnte er zu seiner wunderbaren Geliebten auch sagen:

„I am so sorry. Please forgive me, my love."
(„Es tut mir so leid. Vergib mir bitte, meine Geliebte.")

In diesem Fall kann Jonathan zwischen zwei Verbformen wählen. Gleich welche er auch wählte, beide blieben grammatikalisch korrekt. Es kommt auf seine Stimmung, seine Absicht und auf sein Verhalten an, für welche der beiden er sich entscheidet.

Die Natur der Tenses ist ein ganz wichtiger und bedeutsamer Faktor, soviel ist sicherlich klar geworden. Aber das Zünglein an der Waage bringt letztendlich immer das Empfinden oder die Absicht des Sprechers. Sollten wir also einen Büffel auf der Strecke lassen, könnten wir gleichermaßen sagen:

„I forgot the buffalo."
("Ich vergaß den Büffel.")

wie auch:

„I have forgotten the buffalo."
(„Ich habe den Büffel vergessen.")

Beides wäre in Ordnung. Beide blieben grammatikalisch korrekt, also entscheidet das Verhalten und die Absicht des Sprechers.

Ein weiteres Beispiel:

„Vergessen" ist ein vorangegangener Umstand. Dieser fand in der Vergangenheit statt. Aber was wäre, wenn Jonathan permanent seinen Wasserbüffel vergisst? In diesem Fall müssten wir die Present Simple Tense verwenden, um Jonathans persönliche Eigenart der extremen Vergesslichkeit zu verdeutlichen.

Etwa so:

Jonathan always forgets the buffalo.
(Jonathan vergisst ständig den Büffel.)

oder:

Jonathan forgets the buffalo very often.
(Jonathan vergisst den Büffel sehr häufig.)

Damit beende ich das für Jonathan doch sehr peinliche Beispiel über seine Vergesslichkeit. Vergesst es bitte rasch wieder, damit es für ihn nicht zu unangenehm wird. Aber behaltet und verinnerlicht den Grund für die Ausführungen dieses Beispiels.

Nämlich, dass es trotz bester Kenntnis der Tenses stets nicht nur eine Ausdrucksart gibt, die 100%ig richtig ist, sondern immer mehrere Arten, sich sprachlich auszudrücken.

Jetzt führe ich dich durch das Thema, wie man einen Satz richtig mit der Zukunft verknüpft.

Hast du das gewusst? Es gibt vier unterschiedliche Wege, die besonders „in" sind, über die Zukunft zu sprechen, und jeder von ihnen hat seine eigene Art und seine spezielle innere Natur. Wenn du genau hinsiehst, wirst du in der Welt der Sprache die unterschiedlichen Stilrichtungen erkennen, die jeweils von der Vorliebe, der sprachlichen Ausdrucksfähigkeit und der Eigenart des Sprechers abhängen.

Das ist leicht gesagt, dass die Tense-Form von dem Verhalten und den Eigenarten des Sprechers abhängt. Aber was machen wir jetzt mit dieser Aussage?

Jetzt ist der Zeitpunkt gekommen, dich langsam darauf vorzubereiten, deine Flexibilität im Umgang mit der englischen Sprache zu erwecken. Bevor du die inneren Charaktere der Tenses kennen gelernt, verinnerlicht und verdaut hast, wäre das noch nicht möglich gewesen. Es wäre zu einem unkoordinierten Chaos gekommen. Jetzt, aufbauend auf all deinem neu erlerntes Wissen, bringe ich den Ball deiner inneren Flexibilität ins Gespräch und ins Rollen. Damit du deine neuen sprachlichen Fähigkeiten voll ausleben kannst, hier für dich noch einmal zur Wiederholung die 4 am häufigsten gebrauchten Zukunftsformen in der englischen Sprache:

1. Present Simple Tense

Wir haben es hier mit einer Tatsache zu tun, die unabänderlich und außerhalb unserer Kontrolle und Möglichkeiten geschehen wird.

Etwa wie:

The train leaves Köln for Berlin at 6 pm tomorrow.
(Der Zug fährt morgen Abend um 6 Uhr von Köln nach Berlin.)

---

2. Future Simple Tense

Man verwendet sie meist bei spontanen Entscheidungen ohne große vorherige Planung.

Etwa so:

I'll make some tea. Do you want some?
(Ich koche Tee. Möchtest du auch welchen?)

3. Present Continuous

Im Gegensatz zur Future Simple Tense finden wir hier meistens ein gezieltes Vorhaben. So in etwa:

I am leaving tomorrow.
(Ich reise morgen ab.)

---

4. be + going to + V

Hier handelt es sich um eine Situation, die mit an Sicherheit grenzender Wahrscheinlichkeit in der nächsten Zukunft geschehen wird. Wie:

Oops! It's ten past ten. I'm going to be late.
(Hups, es ist zehn nach zehn. Ich werde mich verspäten.)

Dies sind die vier Haupt-Zukunfts-Anwendungen, die am häufigsten gebraucht werden.

Ich betone die Formulierung: „am häufigsten gebraucht". Es handelt sich keinesfalls um eine hundertprozentige unabänderliche „Pflichtregel".

Im wahren Leben variieren die Anwendungen, je nach Verhalten und Eigenarten des jeweiligen Sprechers, besonders beim zweiten, dritten oder vierten Satz.

Zur Vertiefung noch einmal.
Sollte jemand Tee kochen wollen und er sagt ...

„I'm going to make some tea." oder

„I'm making some tea." anstatt:

„I'll make some tea."

... so sind alle 3 Beispiele korrekt. Daher gibt es keinen Grund zum Lachen. Und falls einer, der morgen aufbrechen will, sagt ...

„I'm going to leave tomorrow." oder

„I'm leaving tomorrow." anstatt:

„I'll leave tomorrow."

... dann verurteile ihn bitte nicht als Sprachversager.

Anhang : Die „drei-Spalten-Verben"

Wenn wir den Aufbau eines Satzes mit einem Essen vergleichen, das wir aus mehreren Zutaten herstellen möchten, dann könnte man die drei-Spalten-Verben als Hauptzutat des Gerichtes benennen.

Ohne Hauptzutaten ist es uns natürlich unmöglich, ein schmackhaftes oder köstliches Gericht zu zaubern. Ebenso ist es uns ohne Wissen der drei-Spalten-Verben unmöglich, einen korrekten und kunstvollen Satz zu bauen.

Damit wir die Tenses wie erfahrene Anwender in der Kommunikation nutzen können, sollten wir die drei-Spalten-Verben kennen und beherrschen.

Also gut, das ist unsere letzte Aufgabe.

Schauen wir uns nun die Möglichkeiten an, wie wir diese letzte Aufgabe noch leicht bewältigen können.

Manche nehmen den Weg über die Ohren und sprechen sich die drei-Spalten-Verben immer und immer wieder laut vor, um sie leichter zu behalten. Andere gehen den Weg des Einprägens über die Augen und schreiben die Verben in Listen und lesen diese solange, bis sie sitzen.
Sitzen sie einmal, wirst du sie vermutlich nie wieder vergessen. Deswegen lohnt sich diese kleine letzte Mühe noch, um den enthusiastischen Erfolg des bisher Gelernten nicht zu trüben oder zu schwächen. Du kannst dir zum neu geschulten und sicheren Umgang mit den Tenses noch ein Erfolgs-Bonbönchen dazu schenken, indem du die Gelegenheit nutzt, die drei-Spalten-Verben tief in deinem Gedächtnis zu verankern, damit sie deinen jetzigen Erfolgsrausch nicht bremsen.

Es ist gleich, welchen Weg und welche deiner Sinne du dazu nutzt. Ob du den Weg über die Augen, die Ohren, die Zunge, die Nase, den Mund oder die Finger wählst, hauptsache du findest und wählst deinen Weg und nutzt ihn so intensiv wie möglich. Vielleicht wählst du auch eine Zusammenstellung mehrerer Sinne gleichzeitig? Vielleicht liest du dir die drei-Spalten-Verben laut vor und klatschst dabei rhythmisch in die Hände und mit den Füßen auf den Boden. Vielleicht hörst du dir dabei hübsche Musik an, um deine Gedächtnis-Aufnahmepforte vollständig zu öffnen?

**Was ist denn eigentlich mit „drei-Spalten-Verben" gemeint?
Jedes englische Verb lässt sich in drei Gruppen einteilen:**

1	2	3
present	**past**	**past participle**

Lass uns die Theorie an dem Beispiel „walk" (gehen) praktisch ansehen:

1	2	3
walk	**walked**	**walked**

Ein anderes Beispiel: „eat“ (essen):

1	2	3
eat	**ate**	**eaten**

Der sichere Umgang mit den drei-Spalten-Verben ist ein ganz bedeutender Teil für den richtigen Einsatz der Tenses.

Man kann die drei-Spalten-Verben grob in zwei große Hauptgruppen unterteilen:

Die erste Gruppe nennen wir die Gruppe der „leichtgläubigen“ und die zweite die der „dickköpfigen“ Verben.

Feine Leute und Intellektuelle nennen diese beiden Gruppen die „regelmäßigen“ und die „unregelmäßigen“ Verben.

Wenden wir uns zunächst einmal der Gruppe der „leichtgläubigen“ oder „regelmäßigen“ Verben zu:

Die Verben dieser Gruppe sind wie Herdentiere. Sie laufen mit der Herde mit, ohne nach rechts oder nach links zu sehen. Sie sind konfliktscheu, meiden Ärger und stoßen nicht gerne mit anderen an. Ihre Art ist es, sich an bestehende Regeln strikt zu halten und dies nicht zu hinterfragen.

Es gibt so viele Verben dieser Gruppe. Trotz ihrer Menge machen sie uns in der Anwendung keinerlei Probleme. Wir können sie mühelos beherrschen und anwenden. Haben wir ihre Regel einmal verstanden, vergessen wir sie nie mehr und sie passt immer und auf jedes Verb ihrer Sorte.

Das erste Verb dieser Gruppe ist die Grundform, die wir kennen müssen. Beim zweiten Verb müssen wir an die bestehende Grundform lediglich ein „ed" hinten anhängen und das war es auch schon. Das dritte Verb dieser Gruppe macht es uns noch leichter. Hier müssen wir uns gar nichts Neues merken, sondern wir kopieren einfach das zweite Verb und schon stimmt es.

Das heißt, auch wieder die Grundform des Verbs mit „ed" am Ende. Diese Regel hast du vermutlich jetzt schon beim ersten Lesen verstanden und behalten, nicht wahr?

Und so sehen ein paar Beispiele dazu aus:

walk	walked	walked	(gehen, laufen)
increase	increased	increased	(wachsen)
call	called	called	(rufen)
start	started	started	(anfangen)
note	noted	noted	(anmerken, notieren)

Locker, nicht wahr? Und weil ihre Regel so leicht ist, reichen diese Beispiele völlig aus. Jede Erweiterung der Beispiele wäre nur eine langweilige Wiederholung. Und Langeweile ist beim Lernen meiner Meinung nach völlig fehl am Platz. Spaß und Interesse sind die sichersten Hauptpforten für dauerhaftes, tief verankertes Wissen. Lernen wir ohne Spaß und Interesse, dann können wir davon mit an Sicherheit grenzender Wahrscheinlichkeit davon ausgehen, dass wir alles Gelernte sehr bald wieder vergessen haben werden! Da können wir uns die ganze Lernerei auch gleich ganz sparen.

So, ist deine Interessenpforte noch weit offen? Dann lass uns gemeinsam einen Blick auf die kleinere Gruppe machen. Die Gruppe der Dickköpfigen, der „Sturköpfe". Fein ausgedrückt nennen wir sie die unregelmäßigen Verben.

Die Verben dieser Gruppe lieben es, gegen den Strom zu schwimmen. Sie suchen das Anderssein geradezu. Von sich selbst überzeugt pflegen sie ihr eigenes Ego und verhalten sich nicht nach bestehenden Regeln. Der Umgang mit ihnen ist komplizierter. Zum Glück gibt es von ihnen nicht so viele.

Sehen wir uns zunächst ein paar Beispiele dazu an:

awake	awoke	awoken	(aufwachen)
stand	stood	stood	(stehen)
sit	sat	sat	(sitzen)
eat	ate	eaten	(essen)
sleep	slept	slept	(schlafen)

Da hier alle Regeln der ersten Gruppe über einen Haufen geworfen werden, scheinen sie deutlich schwieriger in der Anwendung zu sein. Beim zweiten Verb hängen wir nicht einfach nur ein „ed" hinten an und das dritte Verb ist auch keine Kopie des zweiten, sondern kann, wie du siehst, durchaus völlig anders aussehen. Zum Glück gibt es von ihnen nicht so viele. Wir müssen uns jedem einzeln zuwenden. Aber die rhythmische Wiederholung wird uns helfen. Wir sollen die rhythmische Wiederholung nicht im Aussehen und Äußeren erkennen, sondern wir betten die Verben in einen rhythmischen Klang. Klatsche die Verben mit den Händen, singe sie, tanze sie. Mach das fünf Tage und ich garantiere dir, dass sie für immer sitzen werden.

Auf geht´s, im feurigen Beat: one, two, three und:

go	went	gone	(gehen)
lie	lay	lain	(liegen)
say	said	said	(sagen)
shoot	shot	shot	(schießen)
sing	sang	sung	(singen)

rabumbadam, dadadum, damdam, und weiter:

feed	fed	fed	(füttern, ernähren)
come	came	come	(kommen)
see	saw	seen	(sehen)
speak	spoke	spoken	(sprechen)
run	ran	run	(rennen, laufen)

rabumbadam, dadadum, damdam, und weiter:

read	read	read	(lesen)
write	wrote	written	(schreiben)
swim	swam	swum	(schwimmen)
send	sent	sent	(schicken, senden)
ride	rode	ridden	(reiten)

rabumbadam, dadadum, damdam, und weiter:

think	thought	thought	(denken)
forgive	forgave	forgiven	(vergeben)
fly	flew	flown	(fliegen)
shine	shone	shone	(leuchten, scheinen)
shut	shut	shut	(schließen)

Das macht so schon viel mehr Spaß, nicht wahr? Und merke dir, der Spaß lässt dich mühelos das Gelernte behalten.

Jetzt kann dich die ganze Gruppe der **Dickköpfigen**, der unregelmäßigen Verben nicht mehr schocken. Jetzt bist du offen und bereit für die ganze Gruppe. Lerne sie in deinem eigenen Beat ein für allemal.

Hier kommen sie alle, in alphabetischer Reihenfolge:

rabumbadam, dadadum, damdam, und weiter:

arise	arose	arisen	(sich erheben)
(be)is/am/are	was/were	been	(sein)

begin	began	begun	(beginnen, anfangen)
bend	bent	bent	(beugen, biegen)
bet	bet	bet	(wetten)
bind	bound	bound	((an-)binden)
bite	bit	bitten	(beißen)
bleed	bled	bled	(bluten)
blow	blew	blown	(blasen, wehen)
build	built	built	(bauen)
burn	burnt	burnt	(brennen)
buy	bought	bought	(kaufen)

catch	caught	caught	(fangen)
choose	chose	chosen	(auswählen)
cling	clung	clung	(festhalten)
cost	cost	cost	(kosten)
creep	crept	crept	(kriechen, schleichen)
cut	cut	cut	(schneiden)
deal	dealt	dealt	(handeln)
dig	dug	dug	(graben)
dive	dived/dove	dived	(tauchen)

do	did	done	(machen, tun)
draw	drew	drawn	(zeichnen)
dream	dreamt	dreamt	(träumen)
drink	drank	drunk	(trinken)
drive	drove	driven	(fahren)
fall	fell	fallen	(fallen, stürzen)
feel	felt	felt	(fühlen, empfinden)
fight	fought	fought	(kämpfen)
find	found	found	(finden)

fit	fit	fit	(passen)
flee	fled	fled	(fliehen)
forbid	forbade	forbidden	(verbieten)
forsake	forsook	forsaken	(aufgeben, verlassen)
foretell	foretold	foretold	(vorhersagen)
freeze	froze	frozen	(frieren)
get	got	got,gotten	(bekommen, erhalten)
give	gave	given	(geben)
grow	grew	grown	(wachsen)

hang	hung	hung	(hängen)
have,has	had	had	(haben)
hear	heard	heard	(hören)
hide	hid	hidden	(verstecken)
hold	held	held	(halten)
hurt	hurt	hurt	(verletzen)
keep	kept	kept	(behalten, bleiben)
know	knew	known	(wissen)
lay	laid	laid	((hin-)legen)
lead	led	led	(führen, leiten)

learn	learnt	learnt	(lernen)
leave	left	left	(verlassen)
lend	lent	lent	((aus-/ver-) leihen)
let	let	let	(lassen)
light	lit	lit	(anzünden)
lose	lost	lost	(verlieren)
make	made	made	(machen)
mean	meant	meant	(meinen, bedeuten)
meet	met	met	(treffen)

mislay	mislaid	mislaid	(verlegen)
pay	paid	paid	(bezahlen)
put	put	put	(setzen, stellen, legen)
quit	quit	quit	(kündigen, aufhören mit)
ring	rang	rung	(läuten, klingeln)
rise	rose	risen	(aufstehen, (an-)steigen)
saw	sawed	sawn	(sägen)
seek	sought	sought	(begehren)
sell	sold	sold	(verkaufen)

set	set	set	((ein-)stellen)
shake	shook	shaken	(schütteln)
show	showed	shown	(zeigen)
shrink	shrank	shrunk	(schrumpfen)
sink	sank	sunk	(sinken, untergehen)
sit	sat	sat	(sitzen)
slide	slid	slid	(gleiten, rutschen)
sling	slung	slung	(schleudern)
spend	spent	spent	(verbringen, ausgeben)

spin	spun	spun	(spinnen)
spread	spread	spread	(verteilen ausbreiten)
steal	stole	stolen	(stehlen, klauen)
stick	stuck	stuck	(kleben)
stink	stank	stunk	(stinken)
strike	struck	struck,stricken	(streiken)
strive	strove	striven	(sich bemühen, streben)
swear	swore	sworn	(schwören)

sweep	swept	swept	(kehren, fegen)
swing	swung	swung	(schaukeln, schwingen)
take	took	taken	(nehmen)
teach	taught	taught	(lehren, unterrichten)
tear	tore	torn	((zer-)reißen)
tell	told	told	(erzählen)
think	thought	thought	(denken)
throw	threw	thrown	(werfen)
understand	understood	understood	(verstehen)

wake	woke	woken	((auf-)wecken)
wear	wore	worn	(tragen)
win	won	won	(gewinnen)

Du hast gewonnen!

Das Buch „Zeiten & Tenses blicken statt büffeln" kommt jetzt zum Ende.

Happy Ending

Jeder unserer Darsteller im Buch lebt weiterhin ein zufriedenes und glückliches Leben. Natürlich auch unser „CHARLY" und unser „Gänseblümchen".

Ich gehe davon aus, dass Natalie immer noch bis hinter beide Ohren in mich verliebt ist. Trotzdem konnte ich mich bisher noch nicht dazu entschließen, sie zu heiraten. Nein, es ist keine Bindungsangst, die mich davon abhält. Der Grund ist, dass ich die 12 Prinzessinnen so sehr in meinem Herzen trage, dass für eine andere einfach kein Platz mehr darin ist. Umso länger ich sie jetzt kenne, desto lieber werden sie mir. Ob sich das wohl je einmal ändern wird?

Danksagung

Besonderen Dank schulde ich meinem besten Freund, Hubert Möller. Ohne seine Mitarbeit als Co-Übersetzer hätte die deutsche Version meines Buches nicht realisiert werden können.

Ausserdem möchte ich allen danken, die mir bei der Entstehung dieses Buches geholfen haben: Agnes Brandl-Fingerhut, Akkara Siriplungkanont, Anoma Thaikla, David Thorne, David Warner, K. Kiattisak, Magdalena Möller, Margarethe Vochezer, Moritz Fingerhut, Phallop Sinchareon, Siriporn Amornchainon, Tanyavadee Warner, Wachana Luewattananon, Watanya Somphongs.

Test

So, mein lieber Leser, jetzt geht's los, jetzt kannst du zeigen, was du gelernt hast. Mit dem folgenden Test kannst du prüfen, ob du alles kapiert hast.
Mit der Auswertung am Ende des Tests findest du heraus, ob du superclever, clever, faul oder superfaul bist. Es ist immer nur eine Antwort richtig.
Viel Spaß beim Lösen und beim Auswerten.
Mal sehen, was du drauf hast:

1. Der König „Tense" hat ...

a) ... 12 Töchter.

b) ... zu wenig Gold für die Mitgift seiner Töchter.

c) ... 3 Töchter.

2. Das Herz von König „Tense" besteht aus ...

a) ... 2 Kammern: Schlafkammer und Esskammer.

b) ... 3 Kammern: Past, Present und Future.

c) ... 4 Kammern: Simple, Continuous, Perfect und Perfect Continuous.

3. Prinzessin ‚Present Perfect' ist ...

a) ... die Halbschwester von Present Simple, die Schwester von Future Perfect und die Tochter von Perfect.

b) ... die Schwester ihres Bruders väterlicherseits aus dritter Ehe.

c) ... die Halbschwester von Past Perfect, die Schwester von Present Perfect Continuous und die Tochter von Perfect Continuous.

4. The moon_____around the earth.

a) ... moves

b) ... moving

c) ... moved

5. I_____ a letter yesterday.

a) ... write

b) ... wrote

c) ... writing

6. Die Continuous Tenses bestehen immer aus …

a) ... einem Hund, der einer Katze hinterherläuft, die eine Maus jagt.

b) ... „Verb to have“ gefolgt von dem Verb in der Grundform.

c) ... „Verb to be“ gefolgt von dem Verb mit dem Anhängsel "-ing".

7. Princess „Present Continuous“ said:

„I __________ and __________ at the same time.“

a) ... am eating, walking

b) ... eating, walking

c) ... have eaten, have been walking

8. Future Perfect Continuous wird gebildet aus ...

a) ... S + will + have + V3.

b) ... I + don´t + know+ um+ Gottes+ Willen.

c) ... S + will + have + been + V-ing.

9. Die Perfect Tenses bestehen immer aus ...

a) ... Verb „to have“ gefolgt von Verb 3.

b) ... Verb „to have“ gefolgt von „null Bock.“

c) ... Verb „to ask“ gefolgt von „somebody else, not me.“

10. Charakteristisch für die Töchter der Königin Simple ist/sind ...

a) ... die Schlichtheit und Einfachheit.

b) ... ihre ständig triefende Nase.

c) ... die Kompliziertheit.

11. Fabian and his girlfriend usually_____ to bed at 10.00 pm.

a) ... going

b) ... gone

c) ... go

12. Um eine Situation zu beschreiben, die in der Vergangenheit passiert ist und die abgeschlossen ist, verwendet man ...

a) ... Past Future Perfect.

b) ... Past Simple.

c) ... Past Alzheimer.

13. Die Past Simple Tense hat zusätzlich die Funktion, ...

a) ... damit Schwindeln zu können, ohne dabei rot zu werden.

b) ... Höflichkeit bzw. Distanz oder auch Unsicherheit bzw. Unwahrscheinlichkeit auszudrücken.

c) ... eine Situation in der Zukunft zu beschreiben.

14. Um einen Fremden höflich um Hilfe zu bitten, würde man ...

a) ... "Help me, Mister!" sagen.

b) ... ihm einen deutlichen Rippenstoß versetzen.

c) ... „Would/Could you help me please?" fragen.

15. In der Future Simple Tense verwendet man „shall", wenn man ...

a) ... ganz dringend auf die Toilette muss und man keine Zeit mehr hat, die längere Sprachwendung anzuwenden.

b) ... um eine Erlaubnis fragt oder jemanden einladend auffordert.

c) ... sich nicht sicher ist, ob die Situation sich wirklich in der Zukunft abspielen wird.

16. „I'll" ist die Abkürzung für ...

a) ... I will bzw. I shall.

b) ... I would if I could.

c) ... I dont' want to talk about it.

17. Wenn eine Situation in der Zukunft sicher geschehen wird – also unabänderlich ist –, verwendet man ...

a) ... Future Simple Continuous Tense.

b) ... Present Simple Tense.

c) ... ein Flugzeug, um dem Unabänderlichen zu entkommen.

18. T.D.U. bedeutet ...

a) ... Temporary, Duration, Unfinished.

b) ... Trousers, Dress, Underwear.

c) ... Time, Day, Ultimatum.

19. Temporary bedeutet ...

a) ... die Situation ist endlos; sie reicht von der Vergangenheit über die Gegenwart bis hin in die Zukunft.

b) ... die Situation ist nicht endlos, findet also nur innerhalb eines gewissen Zeitraums statt.

c) ... dass im Vorratsschrank die Tempotaschentücher rar sind und bald nachgekauft werden sollten.

20. Der Unterschied zwischen „Present Continuous“ und „Present Simple“ besteht darin, dass ...

a) ... Present Continuous nur für Situationen verwendet werden darf, die vorübergehend sind, während Present Simple keinerlei Bedingungen an die Zeit stellt.

b) ... Present Continuous sowohl für die Gegenwart als auch für die Zukunft und Vergangenheit verwendet werden darf, während Present Simple nur die Gegenwart beschreibt.

c) ... Present Continuous bedeutet, andauernd Geschenke zu erhalten, während Present Simple ein einziges und meist nur sehr kleines Geschenk ist.

21. Unfinished bedeutet, ...

a) ... dass das Ereignis noch nicht beendet ist.

b) ... dass die Hausaufgaben dringend noch gemacht werden müssen.

c) ... dass die Handlung abgeschlossen ist.

22. While I_____ television, my mother_____.

a) ... watching , has cooked

b) ... was watching , was cooking

c) ... watch , cook

23. Princess „Past Continuous" and Snowwhite_______ when the seven dwarves_____ them.

a) ... were sleeping , found

b) ...sleeping , finding

c) ...have slept, had found

24. Die Familie „Perfect“ lebt nach dem Satz ...

a) ... „Wäre alles vorherbestimmt, so wäre das Leben uninteressant. Zufälle bestimmen das Leben!“

b) ... „Lieber heimlich schlau als unheimlich blöd.“

c) ... „Gäbe es kein Gestern, so wäre auch kein Heute.“

25. Der Blickwinkel der Perfect Tenses ...

a) ... ist auf den Beginn eines Ereignisses gerichtet; das Ergebnis ist unwichtig.

b) ... ist auf das Ende und auf das Ergebnis eines Ereignisses gerichtet; dies ist ausschlaggebend für die Nutzung der Perfect Tenses.

c) ... ist : Leben wie Gott in Frankreich.

26. After I_____dinner , I_____ television.

a) ... had eaten , watched

b) ... eaten , watched

c) ... will eaten , watch

27. Julian_____ his work by the end of next week.

a) ... have finished

b) ... will have finished

c) ... finish

28. Ausschlaggebend für die Perfect Tenses ist ...

a) ... ob man gut gelaunt ist oder nicht.

b) ... dass das Ereignis abgeschlossen ist und immer einen direkten Bezug zur zugeordneten Zeit hat.

c) ... dass das Ereignis noch nicht abgeschlossen ist.

29. Im Falle der „Present Perfect Tense" ist ...

a) ... die Gegenwart die zugeordnete Zeit.

b) ... die Zukunft die zugeordnete Zeit.

c) ... der Weg das Ziel.

30. Gänseblümchen's grandmother was leaving the house when he got there.
Gänseblümchen's girlfriend had left the house when he got there.
Whom did Gänseblümchen run into when he got to the house?

a) ... Gänseblümchen's grandmother.

b) ... Gänseblümchen's girlfriend's grandmother.

c) ... Gänseblümchen's girlfriend.

31. Magdalena_____ dinner while her father _____a bath.

a) ... has , take

b) ... having , taken

c) ... was having , was taking

32. Isabel_____ in town till sunday.

a) ... will be staying

b) ... staying

c) ... will staying

33. When it stopped snowing, Gänseblümchen was walking to the park. When it stopped snowing, Charly walked to the park. Which of the two probably caught a cold?

a) ... Charly

b) ... Gänseblümchen's girlfriend

c) ... Gänseblümchen

34. They_____ by the time you arrive home tonight.

a) ... will have gone

b) ... going

c) ... went

35. Die Perfect Continuous Tenses sind ...

a) ... eine Verknüpfung aus Perfect und Continuous und müssen somit sowohl das „Zurückschauen" der Perfect Tense, als auch die „T.D.U. Bedingungen" der Continuous Tense beinhalten.

b) ... eine Beschreibung für dauerhaft perfekte Umstände.

c) ... eine Verknüpfung aus Perfect und Continuous, müssen aber nicht deren beider Bedingungen/Naturen erfüllen, da es sich nur um eine Verknüpfung handelt.

36. We _____ for you since five o'clook.

a) ... will wait

b) ... waiting

c) ... have been waiting

37. „I am going to" bzw. „I'm gonna" ist eine Möglichkeit, um ...

a) ... ein Zukunftsvorhaben auszudrücken.

b) ... durch die Blume zu sagen, dass man auf dem Weg ist etwas zu tun, das man auf den Tod nicht tun will.

c) ... der Mutter einen Bären aufzubinden.

38. The sky is black. It_____ rain soon.

a) ... is

b) ... is going to

c) ...will have been

39. Princess „Past Perfect" _______ enter the palace because she _________ the key.

a) ... cannot, losing

b) ... could not, had lost

c) ... could not, will have been losing

40. Mit „leichgläubigen" und „dickköpfigen" Verben sind ...

a) ... „regelmäßige" und „unregelmäßige" Verben gemeint.

b) ... „Katholiken" und „Protestanten" gemeint.

c) ... Einwohner der Stadt Verben gemeint.

Lösung:

1...a	2...c	3...a	4...a	5...b	6...c	7...a	8...c
9...a	10...a	11...c	12...b	13...b	14...c	15...b	16...a
17...b	18...a	19...b	20...a	21...a	22...b	23...a	24...c
25...b	26...a	27...b	28...b	29...a	30...a	31...c	32...a
33...c	34...a	35...a	36...c	37...a	38...b	39...b	40...a

Auswertung:

36-40

Fragen richtig: Du bist wahrlich superclever!

29-35

Fragen richtig: Ganz schön clever!

22-28

Fragen richtig: Gar nicht schlecht!

15-21

Fragen richtig: Immerhin!

8-14

Fragen richtig: Ein bisschen mehr hätte ich schon von dir erwartet.

0-7

Fragen richtig: Hättest du Freude daran, das Buch noch einmal zu lesen?

über den Autor

Tien Tammada steht als Pseudonym für Montien Patanant.

Er absolvierte ein Jurastudium an der Universität Thammasat in Bangkok. Da er sich als frischer Jurist schon damals aus tiefster Seele danach sehnte, gut schreiben und fotografieren zu können, setzte er seine Studien weiter fort und besuchte danach die Chulalongkorn Universität in Bangkok, um dort das Fach „Kommunikationswissenschaften" zu belegen.

Während dieses Studiums erwachte eine innere Stimme in seinem Herzen, die ihn in die Ferne zog. Dieser Stimme folgend unterbrach er sein Studium und reiste nach Deutschland, wo er schließlich 5 Jahre lang lebte.

Nach seiner darauffolgenden Rückkehr nach Thailand lebte er viele Jahre in Chiang Mai, im Norden Thailands als Reiseführer. Dabei kamen ihm nicht nur seine guten Englisch- und Deutschkenntnisse zugute, sondern er hatte als solcher die Möglichkeit, seinem Fernweh weiterhin nachzugehen. Er reiste nach Italien, Frankreich, Spanien, in die Vereinigten Staaten von Amerika, von dort per Anhalter nach Mexiko und schließlich nach Guatemala.

Angereichert mit großen Sprachkenntnissen und -erfahrungen kehrte er nach mehreren Jahren von seinen Reisen zurück nach Thailand. Als Reiseführer war er dann erneut im ständigen aktiven Kontakt mit den unterschiedlichen Sprachen.

Tien Tammada spricht Deutsch, Englisch, Französisch, Spanisch und Italienisch.

Nach 16 Jahren Reiseführertätigkeit sehnte sein Herz sich nach Veränderung. Als Schriftsteller verfasste er Sprach-Lehrbücher auf thailändisch für die Sprachen Deutsch, Spanisch, Italienisch und Französisch.

Im thailändischen Magazin erschien der Artikel:

„Erobere deine Liebste mit der englischen Sprache"

Außerdem erschienen von ihm folgende Bücher in thailändischer Sprache:

„Lerne Englisch mit dem Reiseführer"

„Reise als Sprachkenner durch Europa"

„Oh, Vokabeln ! Ich kenne euch."

„Tenses durchschauen, statt büffeln."

Das zuletzt genannte Buch wurde in Thailand ein Bestseller und blieb lange Zeit auf der Bestsellerliste.

Jetzt lebt Tien Tammada als freier Buchautor in Chiang Mai.

Ich verneige mich tief vor dem Herzen meiner Leser.
Ich verneige mich tief vor den Füßen meiner Mutter.
Mit dem innigen Wunsch, beim Schreiben dieses Buches mein Bestes zu geben, widme ich dieses meiner Mutter und allen meinen verehrten Lesern.

Tien Tammada